I0068638

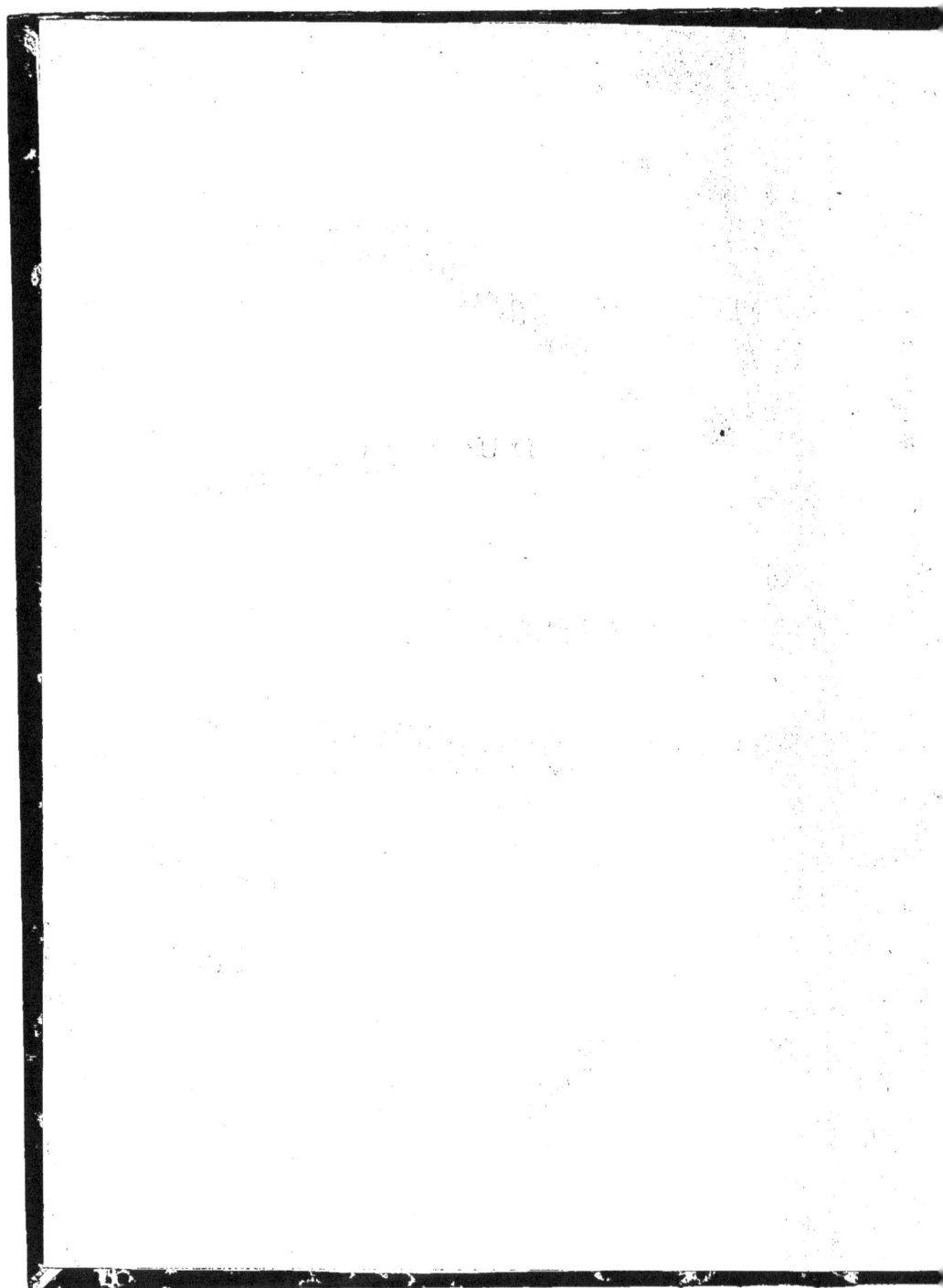

DU
COMMERCE DE L'INDE,

COMPARÉ

DANS SES EFFETS AVANTAGEUX OU NUISIBLES,

ET DE LA NÉCESSITÉ

DE LE CONFIER A UNE COMPAGNIE.

PAR J. BLANC DE VOLX,

Auteur du Coup-d'œil Politique sur l'Europe à la fin du XVIII.me Siècle.

That state, what soever it may be, that could have an undisputed possession of the indian trade, would give the law Tho the commercial World.

DAVENANT.

L'Etat, quel qu'il soit, qui obtiendroit une possession non disputée du commerce de l'Inde, dicteroit des lois au monde commercial.

PARIS,

CHARLES POUGENS, Imprimeur-Libraire, quai Voltaire, n°. 10.

AN X. — 1802.

DU

COMMERCE DE L'INDE,

COMPARE

DANS SES EFFETS AVANTAGEUX OU NUISIBLES,

ET DE LA NÉCESSITÉ

DE LE CONFIER A UNE COMPAGNIE.

THÉATRE mobile des plus sanglantes révolutions et des grands crimes politiques, l'Asie, en aucun temps, n'a pu se défendre des tyrans divers qui, depuis trente siècles, se disputent la funeste gloire de la dépouiller et de l'asservir. En vain, dans ce climat heureux, la nature semble avoir épuisé ses trésors pour le bonheur de l'homme ; ses bienfaits sont perdus et l'homme y vit esclave. L'Indien ignorant et timide courbe un front soumis sous le joug que lui ont imposé tour-à-tour, et la cruelle ambition, et l'avarice plus cruelle encore.

Guerriers ou commerçans, tous les peuples d'Europe ont porté un œil avide sur la richesse de l'Inde ; les expéditions commerciales ou militaires dont elle a été si souvent l'objet ou la victime sont trop universellement connus, pour les rappeler. Mais, comme cette fertile contrée a désormais un point de contact immédiat avec la politique européenne, sous les rapports

1

des richesses de la navigation et de la puissance, il importe de déterminer les avantages ou les dangers que son commerce peut offrir. J'ose croire que les avantages politiques du commerce de l'Inde, si on sait le limiter, sont de nature à l'emporter un jour sur les inconvéniens qu'il présente ; que le meilleur mode de son rétablissement lui peut assurer les développemens les plus favorables ; enfin, qu'une protection franche lui donnera un essor qu'il n'a pris qu'un instant dans les beaux jours de Dupleix et de Labourdonnaye.

Dans l'examen auquel je vais me livrer, je tâcherai de me préserver également, et des préventions de l'esprit de système, et des dangers des théories indiscrètes ; je discuterai les causes, les faits, les produits ; et si je parviens à coordonner mes résultats avec l'expérience du commerce, j'oserai me flatter d'avoir atteint le but ; car sur cette matière délicate, l'expérience peut seule avoir force de loi.

Mais le commerce de l'Inde étant susceptible d'être envisagé sous un double point de vue et donnant lieu à divers objections, je dois, autant que je le pourrai, répondre à tout, et examiner la question sous le rapport des avantages commerciaux, relativement aux particuliers, et sous celui de l'économie politique relativement à l'Etat. Je vais donc, pour marcher avec ordre, établir les propositions suivantes :

1.º Avantages et dangers du commerce de l'Inde.

2.º Avantages d'une compagnie exclusive, et dangers d'en laisser le commerce libre.

3.º Mode de son établissement ; protection et faveurs à accorder à la compagnie ; et dangers à prévenir.

4.º Bénéfices pour la balance et pour la marine de l'Etat.

5.º Nouvelles preuves de la nécessité d'une compagnie.

SECTION PREMIÈRE.

Avantages et dangers du commerce de l'Inde.

On a, dans le cours du dernier siècle, si souvent agité la question des avantages ou des dangers du commerce de l'Inde ; tant d'écrivains l'ont attaqué ou défendu sans parvenir à s'entendre, que le problème seroit encore insolu si l'expérience qui en démontre la nécessité ne parloit pas plus haut que tous les systèmes.

La puissance de toutes les nations de l'Europe est aujourd'hui fondée en grande partie sur le commerce. L'Etat qui s'y livre avec le plus d'intelligence, avec le plus d'activité, s'enrichit sur ses rivaux de la part que leur indifférence ou leur langueur lui permet d'en dérober. Or, le commerce de l'Inde entrant, de nos jours, pour beaucoup dans la balance commerciale des empires, il faut, pour résoudre le problème, examiner la portion d'influence qu'il y exerce et les effets qu'il produit soit en bien soit en mal.

Les retours du commerce de l'Inde se composent 1.º de denrées et de matières premières ; 2.º de marchandises manufacturées. Quant au premier de ces deux produits, il ne peut y avoir de doute : ce commerce est avantageux à l'Etat qui le fait. Quant aux derniers, il est utile ou préjudiciable suivant que l'Etat qui s'y livre est plus ou moins industrieux et qu'il consomme ou qu'il réexporte plus ou moins des objets des manufactures de l'Inde.

Il faut encore établir l'affinité plus ou moins grande qui existe entre les marchandises de l'Inde et le genre d'industrie manufacturière de l'Etat qui en fait le commerce. Si les ouvrages importés de l'Inde sont étrangers aux fabriques nationales, et qu'il fallût

1 *

nécessairement les tirer du dehors pour remplir les besoins de la consommation intérieure , ce commerce à-coup-sûr est également avantageux ; dans la supposition contraire , il est préjudiciable parce qu'il nuit aux développemens de l'industrie nationale , par la concurrence qu'il lui oppose.

Dans ce dernier cas , on doit encore examiner la part qu'il dérobe aux fabriques du pays dans la consommation , et celle qui tourne au profit de sa balance par la réexportation qu'on en fait. - Il faut également apprécier , 1.º si les objets des manufactures nationales exportés pourroient , dans des qualités ou pareilles ou imitées , obtenir la préférence sur les articles de l'Inde dans les marchés étrangers : si cela est , le commerce de l'Inde ne peut nuire puisqu'il ne peut lutter avec l'industrie nationale : 2.º s'ils peuvent se vendre avec parité d'avantages ; alors leur concurrence est très-nuisible ; 3.º enfin , si les ouvrages de l'Inde obtiennent une préférence exclusive , dès-lors il n'y a plus de concurrence , et partant point de préjudice , puisque les étrangers pourroient se procurer les objets de l'Inde par d'autres voies.

Il y a même un avantage positif, puisqu'un pays ne pouvant fixer le goût des étrangers par ses propres marchandises , y supplée par les articles de l'Inde qu'il leur fournit en concours avec d'autres.

Appliquons ces principes et leurs conséquences au commerce français.

Le commerce de l'Inde nous est utile par les matières premières et les objets de consommation que nous en retirons.

Il nuit sous plusieurs rapports aux manufactures françaises , parce que la plupart des articles fabriqués dans l'Inde étant les mêmes que les nôtres, leur action directe doit tendre à affoiblir sans cesse les progrès de notre industrie et les bénéfices de nos fabricans.

Bientôt nous examinerons si ce préjudice n'obtient pas une sorte de compensation par d'autres avantages qu'il procure à notre balance. Arrêtons-nous aux effets positifs qu'il produit sur nos fabriques.

J'ai dit dans un ouvrage dont ce mémoire est extrait, que nos manufactures ont été, pendant tout le dernier siècle, dans un grand état de langueur ; mais c'étoit la faute de l'administration, bien plus que du commerce de l'Inde, qui ne fut jamais établi sur des principes bien combinés.

Il est certain que nos manufactures se sont enrichies de toutes les découvertes de l'Inde, d'une partie de son industrie qu'elles ont imitée et qu'elles fournissent en concurrence aux besoins de notre consommation. C'est un avantage, sans doute ; mais il se trouve bien affoibli par la préférence qu'obtiennent les marchandises d'Asie que nous n'avons encore pu vaincre, et qui nuit constamment à notre industrie et à notre balance.

Quant aux réexportations des articles de l'Inde, il est vrai qu'elles n'ont jamais été aussi étendues qu'elles auroient pu et dû l'être ; qu'elles ont toujours été moins fortes que la consommation intérieure : mais ce vice de l'ancienne Compagnie doit seulement inviter à en chercher la cause pour la faire disparoître par une organisation plus sage.

La consommation française dans les articles de l'Inde a son *minimum*, auquel les prohibitions les plus sévères l'empêcheront difficilement d'atteindre ; mais elle a de même son *maximum* que l'extrême abondance lui fera difficilement dépasser. Le secret unique consiste donc à rendre la somme de ses réexportations plus forte que celle de sa consommation, et l'excédent sera en profit pour notre balance. Voilà le seul problème dont il faut chercher la solution dans une organisation débarrassée des anciennes erreurs, et enrichie des fruits de l'expérience, si l'on aspire à rendre le commerce de l'Inde avantageux à l'Etat.

Voyons l'Angleterre : elle a calculé très-sagement que son bénéfice commercial se composoit de toutes les branches d'industrie qui pouvoient l'augmenter ; elle n'a vu dans ses manufactures qu'un agent secondaire qui ne devoit pas l'emporter sur le plus grand intérêt qu'offre la généralité de son commerce ; et elle est parvenue à donner le plus grand développement à celui de l'Inde, sans trop nuire à ses manufactures : qu'en est-il arrivé ? que la somme de ses réexportations a été beaucoup au-delà de sa consommation, et de ce qu'elle auroit obtenu isolément de ses manufactures si elle leur avoit sacrifié le commerce de l'Inde.

Qu'on ne perde pas de vue qu'en jugeant la position commerciale de l'Angleterre, je la prends avant la guerre et nullement au moment actuel où sa situation est hors de toute mesure de comparaison ; car où en seroit-elle, et à quoi se réduiroit sa puissance pécuniaire tant vantée, sans les retours de l'Inde dont ses magasins sont remplis, et qui sont aujourd'hui sa richesse la plus réelle ? D'ailleurs étant devenue propriétaire d'un pays immense, et ayant un grand nombre de sujets, elle a établi dans l'Inde des espèces de colonies agricoles et ne paie la plupart des retours de cette riche contrée qu'avec ses propres marchandises, qu'elle fournit aux besoins de ses nouveaux sujets, ou du moins avec le numéraire que sa réexportation lui assure.

Maintenant examinons en France le commerce de l'Inde sous le rapport de la balance et relativement à l'argent que ce commerce absorbe.

Le commerce de l'Inde, disent ses détracteurs, est mortel pour l'Europe, dont il aspire le numéraire sans le lui rendre jamais ; et cet écoulement continuel tend à en affoiblir sans cesse et la circulation et l'abondance.

On me permettra de ne m'occuper que des effets qu'il produit en France, ceux qu'il peut opérer sur les autres États nous
étant étrangers.

Cet Empire n'a point de mines ; les seules qu'il puisse exploiter sont ses productions foncières et industrielles : c'est par elles
qu'il aspire et refoule continuellement une partie du numéraire
circulant en Europe ou fourni par l'Amérique ; c'est par elles
qu'il en obtient une part supérieure à celle que ses besoins lui
demandent, qu'il rend à l'Asie une partie de ce que sa balance
lui donne en Europe ; et ce flux et reflux continuel est peut-être
le plus grand stimulant du commerce. Si l'argent que notre balance annuelle nous assure en temps ordinaire (1) restoit intact
dans notre circulation, bientôt il perdroit tellement de sa fonc-
tion comme signe, qu'il n'y auroit plus aucune sorte de rapport
avec sa valeur en Europe ; et nos manufactures seroient bien
plus sûrement écrasées par son avilissement, qu'elles ne pourroient
jamais l'être par sa rareté.

Il est de fait qu'avant la révolution le numéraire circulant en
France, en prenant le terme moyen entre les économistes qui
en ont fait l'estimation, s'élevoit à dix-huit cent millions. Cette
somme à-peu-près suffisante pour remplir les besoins de la circulation, sous le rapport administratif et commercial, ne le sera
pas moins aujourd'hui où nous n'avons plus de ces grands corps
essentiellement emprunteurs, qui jadis en absorboient une
partie.

Qu'on veuille bien observer que la somme du numéraire en
France, tend à s'accroître sans cesse par sa balance constamment avantageuse.

---

(1) Je ne parle pas des circonstances actuelles où l'interruption du commerce de nos
colonies et la langueur de nos manufactures nous a donné pour balance un déficit
de 53,000,000 de frans.

Les profits de cette balance s'élevoient, en 1787, (1) à 56,630,000 francs. Or, en admettant qu'elle pût rester toujours dans le même état, chaque révolution de dix années accroîtroit notre numéraire en circulation, de 566,300,000 fr., et dans un siècle les bénéfices s'en éleveroient à la somme exhorbitante de 5,663,000,000 de fr. Or, je demande si l'Europe pourroit fournir cette somme à la France, et mieux encore si la France pourroit résister à un tel excès de richesses, sans voir son industrie et ses manufactures anéanties.

Sans doute on objectera que la France n'a plus le même numéraire; que la dévastation de la principale de ses colonies, la prive, du moins pendant quelque temps, de la somme intégrale de ses produits de 1789; et qu'enfin le signe s'affoiblissant continuellement en Europe de la somme qu'en obtiendroit la balance annuelle de la France, l'industrie tendroit à s'accroître dans tous les autres Etats, tandis qu'elle seroit d'abord stationnaire et bientôt décroissante chez nous.

Tout cela est vrai et ne détruit aucun des résultats qu'il est permis d'entrevoir : 1.° quelques années d'activité suffiront pour nous rendre la portion de notre capital que la guerre nous a enlevée; 2.° Les colonies françaises enrichies de la partie Espagnole de St.-Domingue, ou soit de la Louisiane, terre vierge encore, ne seront peut-être pas très long-temps à se rétablir de leurs pertes, si l'on prend enfin le mode, non le meilleur, mais le moins mauvais dans les circonstances, pour leur rendre une partie de ce qu'elles ont perdu; 3.° l'activité française n'aura à l'avenir presque plus d'autre aliment que celui du commerce : une foule d'hommes que les préjugés en éloignoient, n'aura plus d'autre profession; les capitaux absorbés par les grandes corporations,

_____

(1) Arnoult, balance du commerce.

par

par les charges en titre d'office n'auront plus d'autre écoulement; 4.° enfin, on doit croire que la France ne soutirera pas long-temps dans la même proportion les sommes que sa balance annuelle lui assuroit jadis, et que les premières années ses profits seront moindres. Mais il n'en est pas moins vrai qu'elle tendra toujours à s'accroître plus ou moins, et qu'il faut en prévoir le danger; car je suis fortement convaincu qu'au moment où la circulation de la France s'élevera à la somme de trois milliards, l'industrie manufacturière y deviendra stationnaire, et par cela seul décroissante.

En admettant donc que le commerce de l'Inde fasse sur le numéraire de la France l'effet d'une pompe aspirante, il faudroit bien se garder de le proscrire comme mortel; car il seroit encore nécessaire, en le circonscrivant dans la juste mesure de son utilité.

A cet égard le commerce de l'Inde peut être comparé au luxe. Mortel pour un État circonscrit et pauvre, le luxe est nécessaire aux nations puissantes et riches; il est l'aliment du commerce, de l'État et du fisc. Le commerce d'Asie a précisément le même caractère, des dangers pareils et des avantages semblables.

Allons plus loin. *Le commerce de l'Inde*, dit-on, *se fait en grande partie avec de l'argent.* On dit vrai : mais est-ce avec le nôtre? ses retours donnent-ils à l'État qui s'y livre une perte ou un bénéfice? voilà, ce me semble, les questions que l'on devroit se faire avant de prononcer trop légèrement sur les effets qu'on suppose au commerce de l'Inde; car en point de fait c'est moins l'argent qui sort, que celui qui rentre, qu'il faut examiner. Or, si ce commerce n'enlève quelquefois du numéraire à notre circulation, que pour l'augmenter ensuite, et s'il offre un excédent à notre balance, il est avantageux. Mais s'il rend moins, avant de le proscrire il faut examiner 1.° si ce déficit n'est pas

2

le produit d'un vice d'administration qu'il suffiroit de corriger pour détruire le mal ; 2.° si ce préjudice n'est pas couvert par des avantages d'un autre ordre qui rendent le commerce de l'Inde indispensable malgré le numéraire qu'il nous dérobe.

Les armateurs qui expédioient jadis des vaisseaux pour l'Inde, composoient ordinairement les trois-cinquièmes de leurs cargaisons en piastres, les autres deux-cinquièmes l'étoient en marchandises et en la valeur de la mise-dehors du navire ; mais ces piastres que l'Espagne nous fournissoit, n'étoient le plus souvent que la valeur représentative du bénéfice de notre commerce avec elle, par l'exportation de nos marchandises. Elles étoient chargées dans nos ports ou dans celui de Cadix par les armateurs français, sans que le numéraire circulant en France en fût grevé, sans que le négociant en acquittât le prix autrement que par les bénéfices que lui donnoit le commerce d'Espagne ou celui des autres places d'Europe, dont il se faisoit payer dans Cadix. Le contraire pouvoit arriver quelquefois, sur-tout à la Compagnie, (1) et nous verrons bientôt comment cet inconvénient étoit compensé.

Quoi qu'il en soit, ces valeurs, qui n'étoient que la représentation de nos premiers bénéfices ou de nos denrées, alloient dans l'Inde s'échanger contre d'autres marchandises qui, en entrant dans nos ports, avoient déjà acquis un prix moitié plus fort que la somme de nos déboursés ; donc notre numéraire n'en étoit pas diminué, et le commerce gagnoit la différence du prix supérieur des importations sur les réexportations ; et l'on pourroit dire tout au plus, que l'effet du commerce de l'Inde, relativement à l'argent que nous y employons, étoit non de diminuer la masse positive de notre numéraire existant, mais d'absorber annuelle-

_____

(1) La Compagnie, au défaut de piastres, expédioit par fois des écus de six livres ; c'est un abus que l'on peut ou détruire ou modifier, suivant les convenances.

ment une portion de celui dont nous nous enrichissions sur l'étranger, ce qui n'est pas la même chose relativement aux besoins de notre circulation intérieure.

Ajoutons encore, et les faits le démontrent, que chaque vaisseau en rentrant après dix-huit mois dans les ports français avoit gagné, tout au moins, quarante pour cent de son capital. Sur ce bénéfice il y avoit au moins quinze pour cent pour l'armateur. Les autres vingt-cinq pour cent étoient absorbés par l'intérêt de son argent, le fret, la nourriture et l'entretien de l'équipage, la composition de la cargaison, les frais d'emballage et de courtage, la commission d'entrée et de sortie ; tous les frais d'embarcation et de mise-dehors, l'assurance d'aller et du retour. Mais enfin tous ces objets qui, à l'exception de l'intérêt du capital, étoient en non-valeur pour l'armateur, ne tournoient pas moins au profit de toutes les autres classes de commerçans, marchands et ouvriers ; donc ce que l'armateur ne gagnoit pas, le commerce général le gagnoit, et la balance de l'Etat y auroit trouvé son compte, si d'ailleurs les marchandises de l'Inde n'avoient pas produit une action inverse sur nos propres manufactures.

Si par hasard ce résultat n'offre point à quelques personnes une compensation assez égale pour autoriser la sortie du numéraire que le commerce des Indes exige, je les prierai de me passer une comparaison peut être triviale, mais qu'on daignera me pardonner en faveur de sa justesse. Ce qu'on penseroit d'un marchand qui, entassant dans son coffre le produit de ses ventes journalières, n'oseroit jamais y toucher pour rétablir dans son magasin les marchandises que le détail lui enlève, on doit le dire d'un Etat commerçant ; il achète pour vendre, il vend pour racheter : plus le mouvement de circulation qu'il établit est rapide, plus il multiplie son capital. Il gagne peu, mais ses profits se répètent : la somme qu'il a dépensée lui rentre avec sa commission ;

celle dont il est en avance lui revient avec son intérêt ; ce qu'il a de moins en argent il le trouve avec profit en marchandises ; et comme les besoins de la consommation et de l'exportation sont continuels, il n'est pas plus embarrassé de l'emploi de ses denrées qu'il ne l'eût été de son argent.

Il est donc démontré, que ce n'est point avec notre propre argent que se fait le commerce d'Asie, que si les mines d'Amérique payent l'industrie de l'Europe, les profits de la balance de France payent son commerce des Indes. L'Amérique fournit son argent, l'Asie fournit ses denrées et ses manufactures : les Européens, entremetteurs universels de ces deux parties du monde, gagnent par la spéculation et l'économie, une partie de l'or d'Amérique et une portion des marchandises de l'Inde, sans avoir fourni autre chose que leur industrie.

Si je considère l'état actuel de l'Europe, les articles de l'Inde sont devenus un besoin pour la plupart de ses nations. Si la France renonçoit à en importer sa part, les autres Etats y supléeroient et lui fourniroient même la sienne ; ses prohibitions n'auroient jamais assez d'action pour la soustraire à ce tribut, et elle se priveroit d'une foule d'autres avantages dont ce commerce est la source pour elle.

Parmi eux on doit compter au premier rang l'art qu'elle a eu de dérober à l'Inde une partie de ses manufactures ; le talent plus précieux de donner à quelques-uns des produits de l'Asie un aprêt nouveau qui en double le prix et qui peut, à bon droit, les faire regarder comme articles de manufactures nationales. Nos porce-laines l'emportent aujourd'hui sur celles de la Chine et du Japon. Les toiles de coton sont égalées en Normandie et le goût des dessins français les fait préférer en Europe. Depuis l'époque où le com-merce de l'Inde a obtenu le plus d'importance, les fabriques de toiles d'impression se sont sextuplées en France. Notre commerce exportoit d'autant plus, qu'il tiroit de l'Inde une plus grande quanlité de toiles fines, sur lesquelles il gagnoit l'aprêt du dessin et de l'impression. Les mousselines sont imitées en Suisse et peuvent l'être également en France. Il reste sans doute des objets sur lesquels l'imitation n'a pu s'exercer encore avec un égal succès, telles sont quelques toiles et mousselines superfines. Mais cet inconvénient peut donner lieu à des précautions conservatrices pour la consommation intérieure et non à la mesure rigoureuse de l'interdiction du commerce de l'Inde. Les toiles de cette contrée sont désormais un si grand objet de consommation en Europe, qu'il seroit peut-être aussi difficile qu'illusoire d'en rendre la défense absolue, quelqu'atteinte qu'elle porte à nos manufactures. A cet égard, une précaution conservatrice de l'administration peut donner la plus grande extention à cette partie de l'industrie française.

· Si une organisation salutaire préside au rétablissement du commerce de l'Inde, tout permet d'espérer que chez nous la masse des réexportations sera un jour plus forte que celle de la consommation dans les objets qu'elle nous fournit, et qu'avec le temps ses retours nous deviendront inutiles, quand l'imitation sera parvenue chez nous à égaler la finesse et la beauté du tissu de ces différentes toiles. C'est là que doivent tendre tous nos efforts à l'avenir. L'imitation est l'étude qui doit diriger nos fabricans. Quand nous serons parvenus à ce point, le commerce de l'Inde sera forcé lui-même de se circonscrire dans les objets qui seront utiles à nos fabriques et qui cesseront d'être un objet de concurrence pour elles. Mais comment établir le mode propre à nous assurer ces avantages? C'est ce que j'essayerai dans la section suivante.

· Je viens de présenter avec franchise les effets du commerce de l'Inde, sans oser hasarder une solution positive : il offre, à côté de dangers réels, des avantages qui ne le sont pas moins ; s'il nuit à quelques genres de manufactures, il est utile à d'autres.

Des moyens conservateurs peuvent même faire disparoître, à l'avenir les préjudices passés, en circonscrivant la consommation intérieure, et en augmentant sans cesse la réexportation.

Si l'on prétendoit que ce Commerce, pendant la durée des anciennes Compagnies, n'a pas eu la brillante existence que je suppose, je me bornerois à répondre qu'il fut souvent mal conçu, mal dirigé, mal administré. Qu'on se souvienne des plans que *Dupleix* avoit commencé à exécuter, et l'on verra que si à sa mort ils ont été perdus pour nous, seuls héritiers de ce grand-homme, les Anglais ont su se les approprier.

Dans les aperçus que j'ai présentés jusqu'à présent, je prie sur-tout de considérer que je n'ai pas dit un seul mot de l'intérêt po-litique de l'Etat; que je n'ai envisagé la question que sous le rapport du commerce matériel, sans même chercher à faire illu-sion sur les dangers qu'on lui attribue : je les vois tels qu'ils sont; s'il le faut même je n'appellerai pas du jugement des hommes qui regardent les préjudices résultans de ce commerce comme supérieurs aux avantages qu'il peut offrir. C'est sous ce dernier rapport que j'envisagerai même la question du commerce de l'Inde. Je me flatte néanmoins de démontrer que tout nuisible qu'il est, la France ne peut pas l'abandonner, et que les dangers auxquels il expose ne font qu'ajouter à la nécessité d'en circons-crire l'exercice.

SECTION II.

Avantages d'une Compagnie et dangers de laisser libre le Commerce de l'Inde.

Nous avons vu dans la section précédente, que le commerce d'Asie présente à-la-fois des chances et des résultats contraires;

que ses dangers l'emportent sur les avantages qu'il peut offrir ;
enfin que bien qu'il puisse être lucratif pour le particulier qui
s'y livre, il est nuisible pour la balance de l'Etat.

L'interdiction absolue de ce genre de commerce sembleroit
donc devoir être la solution naturelle de l'examen auquel nous
venons de nous livrer : mais l'intérêt de notre navigation et de
notre marine, la situation respective des puissances d'Europe ,
les avantages politiques que le commerce de l'Inde assure à
tout Etat qui s'y livre, l'augmentation de *déficit* dont sa prohibition greveroit notre balance, si étant appelés à consommer les
produits de l'Inde, nous renoncions à les importer nous mêmes,
tout nous fait une nécessité de ne point l'abandonner.

Ajoutons encore que sous le rapport purement commercial , le
mode de son rétablissement peut commencer par en neutraliser
les dangers, pour finir par n'en laisser subsister que les avantages
et les accroître sans cesse. Pour atteindre au but qu'on espère du
commerce de l'Inde, il s'agit donc moins de l'interdire que de
l'environner de précautions conservatrices. Pour résoudre le
problème proposé par le Gouvernement lui-même, la question
unique se réduit donc à déterminer quel est le mode à la fois le
plus prudent et le plus favorable de reconstituer le commerce
de l'Inde ? Ce mode , peut-être le seul admissible dans les
circonstances, il faut le dire avec franchise, c'est le rétablissement d'une Compagnie privilégiée.

Je ne me dissimule point les clameurs que je vais exciter par
ce mot *privilége*. Je sais que parmi les amis de la liberté il est
d'imprudens sectaires qui , dans leur superstitieuse crédulité, ne
croyent au culte qu'on rend à la déesse , qu'autant qu'on excuse
jusqu'aux erreurs qu'elle fait naître.

Je me rencontrai un jour avec un de ces zélateurs supersti-
tieux, il soutenoit la liberté du commerce de l'Inde avec tout

l'entêtement de l'esprit de système. J'osai n'être point de son avis : — Quoi ! me dit-il, aspireriez-vous à voir rétablir des priviléges ? — Non, je ne les aime pas ; mais je crois qu'on ne peut ressusciter le commerce de l'Inde que par un privilége, ou bien qu'il faut y renoncer. — D'après nos droits reconnus, je crois que le mot de privilége doit être effacé de notre langue. Si la fantaisie me prend de faire le commerce de l'Inde, je veux que rien ne puisse m'en empêcher. — Faites le donc. — Dès le lendemain de la paix si j'avois un million. — Ah ! ah ! il faut donc pour cela être au moins millionnaire ? Eh bien, Monsieur, jugez vous-même dans quelles étroites bornes vous circonscrivez cette liberté dont vous vous proclamez l'ardent apôtre. Vous vous élevez contre les priviléges ; mais toutes les fois qu'il s'agit d'exploiter une branche de commerce, qui demande une grande avance de fonds, la faculté de se livrer à cette exploitation est-elle autre chose qu'un privilége exclusif de la richesse ? Que signifie la prétendue liberté que vous me laissez lorsque je suis dans l'impossibilité d'en user ? est-elle autre chose qu'un leurre qui ne peut en imposer qu'à la crédulité de ceux . . . . . . Mon interlocuteur ne me laissa pas le temps de finir ; il étoit déjà bien loin.

Enfin le temps des abstractions est passé ; nous arrivons à des idées plus saines ; l'illusion n'a plus de reflet magique pour nous séduire, et la vérité, sûre de ne plus être méconnue, peut se montrer sans crainte.

Je ne suis point partisan des compagnies exclusives : mais dans les circonstances où nous nous trouvons, si l'on veut rendre l'existence à nos comptoirs des Grandes-Indes, si l'on veut rétablir avec fruit le commerce français dans cette partie du monde, j'ose regarder l'établissement d'une compagnie privilégiée et

protégée

protégée par le Gouvernement, comme le seul mode possible d'atteindre au but qu'on se propose.

La France, durant le dernier siècle, a continuellement retenti des réclamations auxquelles le privilége de l'ancienne Compagnie des Indes avoit donné lieu. On a d'autant moins lieu de s'en étonner, que cette Compagnie, par le vice soit de son organisation, soit de son administration, étoit loin de présenter au commerce et à l'Etat les avantages qu'on eût pu naturellement en espérer.

Et certes, erreur pour erreur, abus pour abus, ce n'étoit pas la peine, soit de maintenir le privilége, soit de grever les négocians.

On a lieu de croire que si l'ancienne Compagnie avoit été mieux régie, que si les derniers administrateurs n'avoient pas été souvent contrariés, et qu'ils eussent été libres d'adopter dans le commerce de l'Inde le mode le plus favorable, les heureux effets qui en seroient résultés auroient imposé silence à des réclamations qui alors n'auroient plus eu d'objet. Car enfin, il est de fait, et sur-tout en France, qu'en aucun temps le commerce de l'Inde, libre ou non, n'a pu se faire que par de riches Compagnies ou soit par des négocians qui appeloient à leur secours les capitaux des actionnaires qu'ils associoient à leurs entreprises. La liberté qu'on réclamoit, ne pouvoit avoir d'action pour le plus grand nombre de ceux même qui la désiroient. Ce commerce exige un capital immense ; il commande la privation très-longue des fonds qu'on y emploie ; il réclame sur les lieux des établissemens qui en consomment une partie, avant que leurs produits tardifs puissent rentrer dans les coffres des armateurs français : il demande des capitaines intelligens et des agens instruits ; il exige une grande habileté dans les importations, beaucoup de sagesse dans leur distribution, un rare concours de circonstances heureuses pour pouvoir être en tout temps à l'abri de la concurrence de ceux qui courent la même carrière; enfin il a besoin d'une multitude de facteurs, de rouages, de rapports, que des compagnies particulières ne peuvent jamais réunir à un degré utile.

Dans les circonstances où nous nous trouvons, une compagnie privilégiée me paroît d'une nécessité indispensable, si l'on veut opérer sagement.

Nous ne pouvons nous dissimuler que notre situation dans l'Inde est bien précaire, et que pour reprendre la considération qui doit y appartenir au nom français, il nous faut autre chose que les efforts toujours bornés que des Compagnies particulières peuvent faire. En nous rendant nos possessions perdues, la Compagnie anglaise ne nous verra pas sans regret aspirer à rentrer en partage des bénéfices dont elle avoit en quelque sorte une habitude exclusive. Pondichery, Mahé, Chandernagor sur les trois points opposés de la presqu'île de l'Inde, ont besoin des secours les plus effectifs du Gouvernement : les Aldées qui en dépendoient rendront difficilement aujourd'hui à nos armateurs les secours qu'ils étoient en droit d'en attendre jadis. Les princes de l'Inde n'auront pour nous les égards qu'ils nous doivent, qu'autant qu'ils nous verront en mesure de reprendre l'attitude qui nous convient dans ces contrées lointaines.

Si le commerce est libre et que des compagnies de négocians se forment pour entreprendre, à frais communs, le commerce d'Asie, qu'arrivera-t-il? livrés à leurs seules forces pécuniaires, ils seront obligés de s'approvisionner de ce qu'ils trouveront de prêt; ils ne trouveront précisément que le rebut des Anglais; ce rebut même sera un sujet de concurrence entre les divers agens des différentes compagnies qui auront chacune des intérêts indépendans et isolés les uns des autres. Ils chercheront à faire leurs chargemens particuliers , et les feront à tout prix par le besoin qu'ils auront de réexpédier le plutôt leurs vaisseaux pour l'Europe.

Cette concurrence est d'autant plus dangereuse, qu'élevant le prix d'achat dans l'Inde , nous ne pouvons plus lutter de pair avec les Anglais dans les marchés de l'Europe , par les prix plus bas qu'ils peuvent établir dans les mêmes articles.

Beaucoup de capitaines à leur arrivée dans l'Inde , par une des mille raisons qui peuvent se rencontrer, ne trouveront rien de prêt ; les uns, comme on l'a vu jadis , en traitant le poivre, seront obligés d'arrêter celui qui est encore sur l'arbre , et seront forcés de faire un voyage d'Inde en Inde pour attendre l'instant où ils pourront charger pour l'Europe ; d'autres plus pressés feront des assortimens incomplets, acheteront ce qu'ils pourront et non ce qu'ils voudroient. Ce résultat paroît inévitable si l'on observe que les capitaines des compagnies particulières n'ont pas le temps de commander ou d'attendre les genres de retour les plus convenables , que rien ne peut être préparé avec soin, que nul article ne peut être acheté avec choix; parce que les Anglais donnent la loi dans les Aldées; parce que leurs immenses capitaux leur permettent de choisir et de se priver plus long-temps de la partie des fonds nécessaires à leurs assortimens ; et quelquefois on les a vu jadis pousser la prétention jusqu'à défendre dans les Aldées de ne rien vendre aux Français qu'après que les vaisseaux Anglais seroient approvisionnés.

Sans doute on dira que les compagnies particulières de commerçans français préviendroient ces inconvéniens en ayant toujours dans l'Inde des facteurs actifs et habiles, qui prépareroient les chargemens des vaisseaux avant la saison de l'arrivage ; qu'ils y auroient les fonds nécessaires pour empêcher les négocians anglais de leur faire la loi , et qu'enfin le Gouvernement seroit

assez fort pour faire cesser des prétentions trop hautaines.
Je veux le croire, et je crois sur-tout que la France n'aura
plus à redouter des prétentions pareilles. Mais les fortunes françaises sont-elles aujourd'hui assez considérables? Mais y a-t-il
dans nos ports beaucoup de négocians assez riches pour se priver, pendant long-temps, des fonds immenses qu'il faudroit laisser dans les mains de leurs agens? Mais y en eut-il beaucoup,
ne se nuiroient-ils pas réciproquement dans les marchés de
l'Inde? Mais la concurrence ne leur deviendroit-elle pas fatale,
en raison de l'accroissement de leur nombre, et n'aggraveroit-elle
pas les dangers présumés du commerce de l'Inde pour notre
balance? Mais ne courroit-on pas le risque de voir des armateurs
peu versés dans ce commerce, se confiant à des capitaines peut-
être aussi peu instruits qu'eux et séduits par l'appât de la commission qu'ils seroient sûrs de gagner sur leurs actionnaires, s'y
engager sans fruit, écraser leur Compagnie et faire croire que
le commerce de l'Inde est ruineux parce qu'ils n'auroient pas su
le faire?

Personne plus que moi ne respecte la profession du commerçant : c'est à coup sûr la plus honorable ; c'est celle qui peut,
qui doit inspirer le plus juste orgueil à l'homme qui la remplit
avec dignité. Il est le vrai père de l'Etat puisqu'il le nourrit; il
est le citoyen le plus utile pour le Gouvernement puisqu'il l'environne de considération et de puissance par les richesses qu'il
lui procure. Mais enfin le désir du gain peut tromper; l'espoir
d'un bénéfice loyalement acquit peut séduire : et dans cette profession délicate, l'on doit même mettre le négociant à l'abri des
amorces de la cupidité.

Il a peut-être existé des exemples contre lesquels on doit se
mettre en garde. Le négociant qui fait le commerce de l'Inde,
n'est ordinairement que l'agent actif de la compagnie d'action-

naires qu'il a su réunir et qui lui a confié ses intérêts. Dès-lors, son intérêt n'est plus le même que le leur ; s'il n'est pas doué de cette délicatesse scrupuleuse qui s'alarme même du plus léger soupçon , il peut gagner sur eux sans qu'on puisse lui reprocher rien.

Commissionnaire de la Compagnie , il lui convient de multiplier ses expéditions pour multiplier ses commissions. Il peut donc faire une expédition onéreuse , vendre avec perte pour la Compagnie et y trouver encore son compte, parce que ses bénéfices sont indépendans de ceux des actionnaires, eût-il même un intérêt au chargement.

Citons un exemple, supposons qu'un négociant commissionnaire ait $\frac{1}{10}$ sur une expédition pour l'Inde dont les autres $\frac{9}{10}$ appartiennent à divers actionnaires. Le vaisseau part , arrive et rentre après dix-huit mois dans le port d'où il a été expédié ; mais le voyage n'a pas été heureux. Tous frais payés il y a 20 p. $\frac{0}{0}$ de perte. L'armateur en sa qualité d'actionnaire y entre pour 2 p. $\frac{0}{0}$ sur le total de l'expédition ; ou soit pour 20 p. $\frac{0}{0}$ sur son $\frac{1}{10}$; mais ayant , en sa qualité d'armateur , prélevé pour sa double commission 3 p. $\frac{0}{0}$ de sortie et 3 p. $\frac{0}{0}$ d'entrée , il gagne encore près de 40 p. $\frac{0}{0}$; tandis que la perte de ses intéressés est de 20 p. $\frac{0}{0}$, car ses deux commissions le couvrant des $\frac{6}{10}$ du $\frac{1}{10}$ d'intérêt qu'il a sur le vaisseau, il faut que l'expédition ait donné 60 p. $\frac{0}{0}$ de perte pour qu'il n'ait rien gagné.

Ce cas n'arrivera point sans doute. J'honore trop les négocians de mon pays pour croire que des armateurs puissent fonder leurs profits sur des combinaisons si perfides : mais sur le nombre il peut s'en trouver un capable de sacrifier son devoir à son intérêt, et celui-là seul suffit pour légitimer les précautions qu'on doit prendre en faveur des capitalistes de bonne foi qui peuvent se mettre à sa merci.

Mais il est encore des inconveniens d'un autre ordre et non moins majeurs à admettre, la liberté du commerce de l'Inde. Les négocians et les compagnies particulières au retour de leurs expéditions sont d'autant plus pressés de vendre, qu'ils ont été privés plus long-temps de leurs fonds. Donc les armateurs sont obligés de vendre pour ravoir leurs capitaux, pour rendre compte à leurs actionnaires, et pour se procurer les moyens de fournir à de nouvelles expéditions.

Ajoutons encore que la concurrence des compagnies nuit à l'intérêt particulier des commerçans et ne nuit pas moins à l'intérêt de la balance. Quand il y a concurrence, des compagnies particulières peuvent en même temps, ou à peu de distance, faire des ventes en différens lieux. Le concours doit leur porter réciproquement préjudice et faire baisser les prix. Des assortimens incomplets, partiels et moins bien choisis, appellent moins d'acheteurs; les étrangers n'y viennent pas, ou il en vient moins: le défaut de concurrens fait relâcher, par besoin, sur le prix des articles qui restent à vendre; et les acheteurs nationaux ne les prennent qu'à cause du bas prix qui leur permet de les appliquer à la consommation intérieure, au préjudice de la réexportation qui devroit être pour l'Etat le premier bénéfice du commerce de l'Inde. Les mêmes inconveniens peuvent avoir lieu dans les comptoirs de l'Asie : travaillant tous isolément ils peuvent se nuire dans la partie de leurs chargemens respectifs qui est composée de nos propres denrées, et plus d'une fois on a vu à Pondichery le vin de Bordeaux s'acheter à plus bas prix que dans Bordeaux même.

Telles sont les considérations qui, dans les circonstances présentes, peuvent faire regarder la liberté du commerce de l'Inde comme dangereuse. Passons à l'examen des avantages que présente ce même commerce exploité par une compagnie en vertu d'un privilége.

Ce commerce pour être avantangeux, exige l'avance d'un capital très-considérable, et trente millions sont à peine suffisans pour l'entreprendre avec quelque certitude d'avantage , sauf l'accroissement progressif qu'il exigera dans les capitaux à y verser.

Le Gouvernement pouvant offrir une sorte d'investiture, peut seul faciliter l'établissement d'une Compagnie qui appelle un nombre d'intéressés d'autant plus grand, que le capital de avances est plus considérable : les faveurs qu'il peut offrir seront un nouveau stimulant pour les capitalistes : la nouvelle carrière qu'il offrira à la richesse et les profits qui en seront la suite, détourneront beaucoup d'hommes à argent de la pernicieuse manie de l'agiotage qui ne leur offre des bénéfices plus grand qu'au prix des plus grands risques.

Par cette sage disposition, dont l'exécution ne peut être difficile dans un Etat tel que notre République, le commerce français peut se fournir lui-même des articles que la frivolité et le goût payent depuis trop long-temps au commerce étranger : il rétablit sa concurrence dans les marchés de l'Europe, et la rétablit avec plus d'avantage que ne pourroient jamais en obtenir les compagnies particulières dans les suppositions même les plus favorables.

Admettons une Compagnie des Indes investie du privilége qu'elle obtient pour un temps déterminé, avec faculté de le renouveler à son expiration, s'il y a utilité ou convenance pour l'Etat. Ce privilége consolide son existence, parce qu'il est fondé sur l'intérêt public; il fait sa force, parce qu'il met en quelque sorte dans sa main l'action du Gouvernement, qui la secondera d'autant plus, qu'il en espérera davantage ; enfin il assure ses profits, parce qu'il la laisse sans rivale. Riche de considération, de puissance, d'or et de crédit, examinons à présent comment elle opère pour fonder ses profits et le bien de l'Etat.

Disposant d'un capital immense, les dépenses à faire dans tous les genres ne peuvent l'effrayer : elle ne sème que pour recueillir. Elle peut sans gêne se priver pendant tout le temps qu'elle le croit nécessaire, de la portion de ce capital qu'elle doit employer en avances ; elle sait que rien n'en sera perdu pour elle et qu'elle ne se sera privée plus long-temps que pour obtenir de plus grands bénéfices.

En commerce les profits ne sont que là où un ensemble de connoissances, d'instructions et de moyens, d'argent ou de crédit peut permettre d'opérer, si non avec cette certitude de succès que l'art humain ne peut garantir, du moins avec cette confiance que la sagesse des précautions inspire. Rassurée contre tous les événemens que l'habileté et la richesse permettent de prévoir, la Compagnie envoie dans l'Inde des agens actifs et intelligens qui lui préparent les voies ; ses vaisseaux dirigés par des capitaines instruits partent et arrivent, sans avoir à craindre ni lenteur ni défaut de préparation dans les marchandises qui doivent composer leurs cargaisons de retour.

Ses bénéfices résultent de la sagesse des plans, de la convenance des achats et des ventes, du rapport des besoins et des débouchés, des préparations qu'elle a le temps de faire en magasin, en commandant soit dans l'Inde, soit dans nos manufactures ou même dans l'étranger (relativement aux objets nécessaires au commerce de l'Inde que nous sommes obligés d'en tirer) les assortimens les plus favorables. Connoissant les besoins et les convenances, la Compagnie a ses manufacturiers, ses dessinateurs, ses ouvriers affidés; plus instruite des goûts elle donne

les

les ordres, les plans, les modèles qui peuvent mieux satisfaire les Indiens, plus séduits par les couleurs tranchantes et par le brillant ; et les Européens, plus attirés par la finesse du tissu et par la délicatesse du dessin : c'est ainsi que ne négligeant rien de ce qui peut accroître ses bénéfices, elle multiplie par-tout la classe des consommateurs.

Ses facteurs ont dans l'Inde tous les moyens d'argent et de crédit, toutes les connoissances nécessaires pour faire tous les achats utiles, pour les faire à bas prix, et pour ne les faire qu'en temps convenable. L'argent à la main ils peuvent commander sans crainte dans les Aldées ; ils peuvent donner la loi dans les différens marchés de l'Inde. Les fonds de la Compagnie, dont ils disposent, les mettent du moins en mesure de soutenir la concurrence avec les étrangers, avantage que ne peut se promettre le commerce particulier. Ils indiquent les objets qui abondent ; ils désignent ceux qui peuvent devenir utiles ou rares ; et la Compagnie se décide, d'après leurs instructions, à ne point faire d'opérations ou fausses ou lésives. Tous les documens, toutes les connoissances lui arrivent pour son avantage particulier, comme pour celui de l'Etat ; c'est un centre d'activité qui s'étend à tout ; c'est un faisseau de lumières qui conduit tout au flambeau de l'expérience.

Tandis que les particuliers ne font le commerce que pour eux, la Compagnie le fait pour elle et pour l'Etat. Les premiers cherchent sans cesse à s'isoler, leur intérêt les portant à l'égoïsme, leurs capitaines ne font part qu'à eux seuls de leurs découvertes, parce qu'ils redoutent la concurrence, et qu'ils veulent profiter seuls de ce qu'ils ont seuls deviné ou appris. La Compagnie n'a point de secret à taire, point de découvertes à cacher ; celles qu'elle a faites deviennent aussitôt la propriété de l'Etat, parce qu'à l'abri de toute concurrence, si elle désire d'être mieux

4.

instruite et plus éclairée, c'est pour profiter de tous les genres de lumières qui peuvent rectifier ses opérations ou les rendre plus fructueuses. Instruite des événemens et des intérêts politiques de l'Europe, éclairée même des lumières que le Gouvernement peut lui donner pour diriger sa marche, elle détermine ses plans et ses opérations sur des données plus positives ; elle marche en quelque sorte, à l'aide d'un fil conducteur qui ne l'égare jamais et dont les négocians particuliers sont forcément privés ; ses agens, à leur tour, mieux informés de ce qui se passe dans l'étranger, en tout ce qui peut intéresser la Compagnie, agissent d'après leurs lumières et appellent de nouvelles instructions pour faire coïncider les ventes ou les achats d'après les besoins étrangers et pour arrêter les opérations d'après les convenances politiques. Occupation toujours soutenue dans ses facteurs ; travail toujours actif dans ses capitaines ; tandis que les uns sillonnent les mers qui séparent l'Asie de la France, d'autres, occupés du commerce d'Inde en Inde, préparent et apportent dans nos entrepôts du Coromandel, du Gange ou du Malabar, les retours, les marchandises des Philippines et de la Chine : ce commerce est tout profit, et la balance de l'Etat y trouve le sien.

D'autre part les facteurs de la Compagnie, investis d'une grande force d'opinion, ont plus de moyens pour appeler la considération des Soubahs et des princes de l'Inde ; leur intelligence les met en mesure d'étendre et de multiplier leurs rapports dans toutes les parties de l'Océan indien où il peut y avoir un commerce utile à exploiter et des bénéfices à faire. Ils peuvent seconder très utilement les agens directs et les autorités civiles et militaires du Gouvernement dans cette partie du monde ; ils peuvent du moins leur assurer tous les avantages dont de grands capitaux leur permettent la disposition ou l'emploi : et dans l'Inde, non moins qu'ailleurs, l'argent est un grand ressort politique et une grande puissance.

Les négocians particuliers, au contraire, travaillant isolément et presque toujours obscurément, loin de pouvoir offrir des secours utiles en ont toujours besoin eux-mêmes; ils n'étendent point leur sphère d'activité au-delà des bornes dans lesquelles leur intérêt propre les tient circonscrits. Des profits qu'ils n'entreverroient que comme une perspective de l'avenir, seroient négligés par eux, parce que leurs moyens ne leur permettent pas d'y atteindre, ou parce qu'ils demandent trop de temps.

La Compagnie réunit encore l'avantage d'avoir à son service des marins intelligens, des capitaines instruits qu'elle forme; qu'elle encourage et qu'elle récompense. Au terme de leur carrière ils trouvent, par son moyen, des retraites aussi assurées qu'honorables. Sous ce rapport elle a la préférence du choix dans les hommes distingués qui s'attachent à elle, parce qu'ils savent qu'une fois admis en qualité de capitaines de la Compagnie, leur sort est fait pour la vie, que rien ne peut plus le leur faire perdre, excepté l'improbité, motif universel d'exclusion dans tous les emplois de la société civile. Aussi ils s'attachent, ils s'affectionnent à son service; l'émulation s'établit entre eux; et tous contribuent à agrandir le foyer des lumières. Constamment occupés à la pénible navigation de l'Inde, ils deviennent toujours plus habiles, ils enrichissent la Compagnie et l'État de leurs découvertes.

Les capitaines du commerce particulier ne doivent pas avoir le même zèle, la même ardeur, parce qu'ils ne peuvent pas aspirer aux mêmes récompenses, parce que leur état, toujours précaire, est attaché aux caprices ou du moins à la vie du négociant qui les emploie, et à l'existence d'une association privée qui peut se dissoudre d'un moment à l'autre et les laisser sans emploi.

La navigation de l'Inde sur les vaisseaux de la Compagnie, devient un noviciat honorable dans une vaste carrière ; et jadis même on n'en jugeoit pas autrement, si l'on se rappelle que, dans les beaux jours de l'ancienne Compagnie française, les principaux négocians de Nantes faisoient entrer leurs enfans dans la marine de la Compagnie, comme dans l'école la plus salutaire.

Enfin on appréciera d'autant plus tous les avantages d'une compagnie générale, que dans les temps même où le commerce de l'Inde a été libre, les négocians français ne l'ont jamais fait et pu faire que par actions et par compagnies privées ; et certes la concurrence qu'elles avoient établie, agissant et réagissant continuellement l'une contre l'autre, ne pouvoit manquer d'être pernicieuse pour ce genre de commerce.

En général la concurrence est utile dans le commerce, mais elle ne l'est pas dans celui de l'Inde entre les sujets d'un même Empire, par la grande raison que les effets de la concurrence tournent tous au détriment des négocians rivaux, soit dans les ventes, soit dans les achats. Ce commerce étant tout extérieur, les hauts prix d'achats y sont funestes, les bas prix dans les ventes ne le sont pas moins.

Ajoutons encore que la diversité de vues et d'opinions entre les concurrens de ce commerce, peut le rendre nuisible pour tous: travaillant tous isolément, ils peuvent se porter ombrage, et l'erreur de l'un peut devenir préjudiciable aux autres : au lieu que dans une compagnie générale, la différence d'opinions dans les administrateurs est encore utile. Chacun d'eux expose ses motifs de préférence, la généralité prononce ; et comme les vues sont pareilles, comme l'intérêt est un, il doit être excessivement rare que les dispositions arrêtées ne soient pas précisément les plus avantageuses.

Mais il est encore une considération bien plus puissante qui doit, ce me semble, déterminer l'érection d'une compagnie exclusive.

La Compagnie n'a qu'un seul point, qu'un seul port affecté pour ses retours de l'Inde : c'est là, et ce n'est que là que le commerce intérieur et étranger peut venir se pourvoir.

Elle a des époques déterminées et toujours annoncées pour ses ventes. Voici les résultats que cette unité produit :

1.° Elle n'annonce des ventes que quand elle a dans ses magasins une grande quantité de marchandises et d'assortimens qu'elle peut offrir à l'étranger.

2.° Ses ventes sont annoncées assez à temps, pour que tous les négocians d'Europe, qui font le commerce des marchandises des Indes, puissent arriver.

3.° Lorsque la vente commence la concurrence s'établit dans les achats, parce que les négocians étrangers qui sont venus pour s'y pourvoir, sont plus nombreux et soutiennent les prix. Achetant eux-mêmes et n'ayant point de commission à payer, ils peuvent établir un prix plus élevé dans les articles qu'ils désirent, ce que leurs commissionnaires n'auroient pu faire étant obligés de se renfermer dans les limites assignées au prix de chaque article. Quelques-uns augmentent leurs achats quand ils sont sur les lieux, et font des opérations nouvelles que leurs commissionnaires n'auroient pas osé se permettre n'ayant pas d'ordre.

4.° Enfin, quand les prix offerts sur quelques articles, par les acheteurs étrangers ne conviennent pas à la Compagnie, elle peut retirer les marchandises dont elle veut soutenir le prix, pour attendre une autre vente.

C'est ainsi qu'opérant toujours en grand, elle ne cesse jamais d'être maîtresse des prix, sans redouter aucune concurrence ; ce que les armateurs particuliers peuvent d'autant moins faire, qu'obligés de vendre pour réaliser leurs capitaux, ils sont tou-

jours exposés à recevoir la loi des acheteurs étrangers qui con-
noissent leur situation et en profitent.

Cette considération est d'autant plus importante et avoit été
tellement sentie, que jadis pendant long-temps on avoit soumis
les négocians qui armoient pour l'Inde, à ne faire le retour de leurs
expéditions que dans le port de l'Orient, chef lieu de la Compagnie, et à y débarquer leurs importations dans ses propres magasins.
Leurs ventes étoient faites en concours avec celle de la Compagnie, au moyen d'un droit que les particuliers lui payoient.

Cette mesure donna lieu à de vives réclamations de la part
des armateurs, qui naturellement désiroient de pouvoir suivre leurs
marchandises, et de faire leurs retour des Indes dans le port de
leur domicile, pour en diriger la vente : mais le Gouvernement
eut le bon esprit de sentir que les vues isolées de quelques particuliers ne devoient pas l'emporter sur l'intérêt général du
commerce ; et il maintint l'obligation à laquelle il les avoit soumis
par d'autres motifs même qu'il est inutile d'indiquer.

Tels sont les avantages que présente le commerce de l'Inde,
fait par une Compagnie. Jusqu'ici je ne me suis permis de considérer que l'avantage positif et direct du commerce, bientôt nous
analyserons, sous le rapport politique, celui qu'il présente à
l'Etat.

Sans doute le système que j'ose établir trouvera des contra-
dicteurs ; peut-être même il rencontrera des opposans dans une
classe de négocians respectables, parce qu'ils jugeront l'établissement d'une Compagnie comme contraire à leurs vues particulières. Mais s'ils daignent se dégager de toute prévention et repousser les illusions de l'intérêt privé, ils conviendront eux-mêmes
que l'intérêt général du commerce doit l'emporter sur celui de
l'individu, et peut-être ils avoueront même que leur avantage
propre n'en est pas séparé, puisqu'il tend à détruire une con-

currence qui, dans cette partie essentielle, ne peut que leur être funeste. S'ils persistent à réclamer une liberté illimitée, je me permetrai une dernière observation. La manière dont le commerce de l'Inde a toujours été attaqué et défendu, semble prouver que s'il offre des avantages il n'a pas de moindres dangers, et que s'il est utile au négociant qui s'y livre, il est rare qu'il le soit au Gouvernement qui le tolère. Or, si le Gouvernement, effrayé par la certitude des dangers, et les croyant plus forts qu'ils ne peuvent jamais l'être, prohiboit absolument ce commerce comme nuisible à l'intérêt général, personne assurément n'auroit le droit de réclamer contre cette prohibition.

Eh bien! s'il découvre que les dangers du commerce de l'Inde émanent précisément de la liberté indéfinie de l'exploiter, que circonscrit ou resserré dans des limites bien déterminées il n'a plus d'inconvéniens ; qu'exclusivement exploité par une Compagnie privilégiée il n'offre plus que des avantages, n'aura-t il pas des motifs suffisans de l'établir? Alors les réclamations seroient-elles fondées? Personne sans doute n'osera soutenir que l'intérêt général doive être sacrifié à celui de l'individu. Et telle est précisément l'hypothèse où nous nous trouvons. L'intérêt isolé des particuliers qui composent la Compagnie n'entre pour rien dans l'admission du privilége ; c'est pour l'Etat qu'il est établi et non pour elle : elle n'existe que parce que le commerce de l'Inde est nécessaire à la France et qu'on ne peut le rendre utile ou lui enlever ses dangers qu'en le circonscrivant. C'est l'intérêt général qui commande impérieusement cette limitation. Les mesures qui peuvent peser sur quelques négocians particuliers tournent au profit de la généralité. Que dis-je? Elles ne blessent pas même le particulier riche, par la faculté qu'il a de s'associer à l'entreprise générale, sans qu'on puisse l'en empêcher, et c'est ce que nous allons établir.

SECTION III.

Mode de l'établissement de la Compagnie. Encourage-
mens à lui accorder et dangers à prévenir.

UN décret de l'Assemblée constituante proclama, en 1790, la
liberté du commerce de l'Inde ; un second décret prononça que
les ports de l'Orient et de Toulon seroient sur les deux mers les
entrepôts destinés à recevoir les cargaisons de l'Inde.

Cette double loi fut une double erreur. La Constituante,
séduite par ce mot magique de liberté, qui venoit d'acquérir une
si grande influence, ne vit point ou ne voulut point voir qu'en
laissant la faculté indéfinie de commercer dans l'Inde, elle por-
toit une atteinte funeste à la balance de l'Etat, et que ce droit
perfide accordé à tous les commerçans, déposoit dans leurs mains
une arme dangereuse qui devoit les blesser les uns par les
autres. J'en ai dit plus haut les motifs, et peut-être sans la guerre,
survenue peu de temps après, les conséquences n'eussent pas
tardé à se faire sentir.

Quant à la seconde loi, je n'examinerai point si deux ports
ont pu être nécessaires tant que le commerce de l'Inde a été
libre. Cet examen est étranger à la question que je traite. Mais
le Gouvernement, mieux éclairé, décidera dans sa sagesse si,
la supposition du privilége admise, il convient à son intérêt,
comme à celui de la Compagnie, de multiplier les entrepôts ;
si, deux ou plusieurs seront plus favorables qu'un seul, et si,
dans aucun cas, l'investiture accordée au port de Toulon peut
être regardée comme utile aux résultats qu'on espéra de son
établissement. A Dieu ne plaise que je m'élève contre cette
ville ,

ville, aussi importante par son activité que par sa marine. Mais j'ose croire que l'intérêt du commerce bien entendu, lui refuse ce qu'en vain une loi auroit voulu lui donner, et commande la concentration des retours de l'Inde dans un entrepôt unique.

Quant au port de l'Orient, heureusement situé et à l'abri de tous les dangers, il réunit encore tous les avantages politiques et douaniers qui le firent autrefois préférer. Le Gouvernement n'a point de dépense à y faire, tout est prêt; les immenses magasins de l'ancienne Compagnie, inutiles encore, peuvent cesser de l'être. Que le Gouvernement dise un seul mot, et, rendus à leur antique destination, leurs gonds rouillés vont céder et leurs portes se rouvrir pour recevoir les produits de l'Inde, si l'on recrée une Compagnie.

Pour donner à tous les citoyens, négocians ou capitalistes, riches ou non, la liberté de participer aux avantages que le privilége suppose, le Gouvernement peut ordonner que le prix des actions sera déterminé dans une telle proportion, que les fortunes même les plus médiocres puissent y atteindre; c'est peut-être le seul moyen de faire participer un plus grand nombre de citoyens aux bienfaits d'une entreprise que l'intérêt de l'Etat commande de ne faire que par privilége, et ceux qui ont des projets sur le commerce des Indes, pourront y prendre un intérêt proportionné aux moyens qu'ils vouloient y consacrer.

Une fois la Compagnie ou formée ou arrêtée, il est aisé d'appeler les riches capitalistes à y verser des fonds, par les facilités qui leur seront offertes et par les faveurs qu'on leur peut accorder.

Si je me permets d'en indiquer quelques-unes, j'ose croire qu'elles seront utiles à l'Etat autant qu'à elle même. Ne pourroit-on pas, par exemple, prêter à la Compagnie une partie des frégates que la paix va rendre inutiles, celles du moins qui ne seront pas jugées nécessaires au bien du service. Chacun des

5

vaisseaux ainsi prêtés à la Compagnie subiroit une estimation préalable. Celle-ci les prendroit sur le pied du rapport et s'engageroit à les rendre dans l'état qu'elle les auroit reçus lorsque le besoin du service l'exigeroit. Cette faveur précieuse pour la Compagnie, à qui elle offriroit le secours d'un nombre considérable de vaisseaux, la dispenseroit d'employer en commençant une partie considérable de ses fonds en construction. Loin d'être à charge à l'Etat elle lui seroit également avantageuse. Rien ne résiste à l'injure du temps ; chaque année les vaisseaux éprouvent une détérioration non-seulement indépendante de leur service, mais plus forte même quand ils séjournent dans les ports ; leur détérioration annuelle seroit à la charge de la Compagnie pendant tout le temps qu'elle en jouiroit ; et, par son obligation de les rendre dans l'état qu'elle les auroit reçus, le Gouvernement les recevroit radoubés aux frais de la Compagnie, ou les feroit réparer lui-même après en avoir reçu la moins value sur le pied de la nouvelle estimation.

On ne peut se dissimuler le besoin de rétablir la marine : la navigation de l'Inde est une école salutaire pour atteindre à ce but. Pour encourager les élèves et les marins à entrer au service de la Compagnie, on examineroit s'il ne seroit pas convenable de prononcer que le service sur ses vaisseaux seroit compté, dans les grades respectifs auxquels on croiroit devoir appliquer cette faveur, pour la moitié du service dans la marine militaire. Cette faveur honorable à-la-fois et lucrative pour ceux qui en seroient l'objet, peupleroit la marine de la Compagnie d'hommes utiles, qui feroient sur ses vaisseaux l'apprentissage d'un service qui devroit dans la suite s'exercer sur ceux de la République. Ne pourroit-on pas également assimiler les élèves de la Compagnie qui auroient fait un ou plusieurs voyages dans l'Inde, à ceux de la marine nationale, et les admettre à concourir tous également, en ne les distinguant plus que d'après la mesure de leur utilité positive ?

Toutes ces observations, que je soumets au Gouvernement, seroient également utiles aux marins, à la Compagnie et à l'Etat. Il en est d'autres encore que l'on pourroit adopter, mais elles sont subordonnées à l'admission du privilége, et elles dépendent du mode que l'administration croira devoir adopter.

C'est sur-tout dans l'Inde que les agens de la Compagnie auroient besoin, en commençant, d'une protection franche de la part de l'Etat, relativement aux différens princes de l'Asie, aux réparations nécessaires à nos principaux comptoirs, aux fortifications et aux établissemens militaires, en cas de quelque événement qu'on ne doit ni supposer ni craindre, mais qui néanmoins mérite d'être compté et prévu, car il ne sort pas de l'ordre des possibles.

On doit croire que la Compagnie anglaise se soumettra aux ordres de sa cour; mais enfin elle ne verra jamais avec plaisir que nous essayons de rentrer sinon tout-à-fait en partage, du moins en participation des bénéfices du commerce de l'Inde. Elle a sur les lieux de grandes ressources, elle y jouit d'un grand pouvoir, elle a de nombreuses troupes à son service ; et la sagesse commande de se mettre au moins en mesure d'y protéger efficacement notre commerce.

La nécessité de rétablir nos rapports avec les différens comptoirs de l'Asie, et de nous rouvrir des communications utiles avec la Chine, demande également l'intervention du Gouvernement pour seconder et protéger les essais et les efforts de la Compagnie ou de ses agens.

Le chef-lieu du commerce de l'Inde fut toujours Pondichery, mais indépendamment de Karical et des autres comptoirs situés sur la même côte au Nord et au Midi de Pondichery, ne seroit-

5 *

il pas convenable d'avoir des établissemens subsidiaires à Mahé ou a Cochin (s'il est vrai qu'il nous soit échu), dans le Malabar et à Chandernagor sur le Gange, et d'y fonder des présides ? Des postes militaires n'y seroient-ils pas utilement placés sous le double rapport de la considération et du commerce, contre les entreprises possibles des Indiens ?

Tels sont les objets qu'il est permis d'indiquer et de prévoir ; il en est sans doute d'autres, mais il est au moins inutile de les présenter.

De son côté la Compagnie utilement secondée, pourra avec le temps agrandir sa sphère d'activité, multiplier ses agens dans tous les comptoirs de l'Inde ; les attacher à elle par des traitemens honorables, par un sort assuré et s'occuper d'autant plus de leur intérêt qu'ils feront leur unique affaire de ses bénéfices. Elle appréciera les encouragemens et les récompenses qu'elle pourra accorder à ceux qui se seront rendus les plus recommandables par leur exactitude, par leurs services et par les lumières qu'ils lui auront fournies. Enfin elle aura d'autant plus à compter sur eux, que leur sort sera fixé, qu'ils n'auront rien à redouter pour l'avenir, et qu'en aucun cas le commerce particulier, en le supposant libre, ne pourroit leur offrir les mêmes avantages.

Mais l'intérêt du commerce exige dans nos ports encore une mesure indispensable. Le port de l'Orient aura la faveur de l'entrepôt pour toutes les marchandises de l'Inde, mais ce droit d'entrepôt ne suffit pas. Si l'intérêt de nos manufactures ordonne d'interdire l'entrée aux ouvrages de l'Inde, qui pourroient leur porter une atteinte trop directe, il est cependant des dispositions conservatrices : il est des marchandises de fabrique de l'Inde qui n'entrent dans l'intérieur que pour y recevoir une nouvelle préparation qui en augmente le prix ; or ces marchandises sont pour l'Europe un article de consommation très-important ; il est donc

utile d'en permettre l'entrée par *acquit à caution*, pour y recevoir l'apprêt qu'elles exigent. Il ne pourroit en aucun cas y avoir
ni fraude ni erreur, si on avoit le soin de les frapper d'une em-
preinte nationale qui pût les faire reconnoître à la sortie ; et ce
mode, utile à l'Etat, seroit peu nuisible à nos manufactures, et
ne priveroit point la Compagnie des bénéfices qu'elle seroit fondée à espérer sur des articles qui sont d'un grand débit dans les
marchés d'Europe. Quand je dis que ces marchandises ne por-
teront pas un grand préjudice à nos manufactures, j'établis un
fait convenu, c'est-à-dire, que les articles de l'Inde sont
préférés dans les marchés étrangers à ceux que l'industrie française a cherché à imiter : dès-lors leur débit étant indépendant
de notre commerce dans l'Inde, le stérile désir de protéger nos
manufactures nous priveroit de la concurrence des profits fondés sur la réexportation des marchandises d'Asie, sans leur devenir plus favorable.

Enfin, la Compagnie ayant un seul point pour ses retours,
offriroit au Gouvernement une plus grande facilité pour empêcher la fraude, toujours aisée à prévenir quand on n'a qu'un
seul point à garder, et toujours difficile quand on multiplie les
entrepôts. Quant à son intérêt propre, elle n'auroit pas besoin
de multiplier ses agens, et le bénéfice de la concentration de son
commerce en simplifiant les rouages et le service lui permettroit
d'étendre son commerce avec le plus grand fruit ; car on ne doit
pas se dissimuler que dans le principe, ayant à lutter contre les
grands capitaux des Anglais, elle aura à user de la plus sévère
économie pour ne pas être exposée à souffrir du danger de leur
concurrence. Elle peut néanmoins se flatter que le prix du fret,
de la nourriture et salaire des équipages étant infiniment supérieur en Angleterre, elle retrouvera d'un côté ce qu'elle aura
perdu de l'autre. Ajoutons encore que les besoins de la finance

sont tels en Angletterre que de long-temps cet Etat ne pourra réduire un système des douanes véritablement écrasant pour son commerce ; si nous avons le bon esprit d'établir un mode plus modéré, plus réellement proportionnel, nous finirons peut-être même par l'emporter sur elle, comme les Etats-Unis sont parvenus à le faire par la sagesse de leur système.

Cependant les moyens de protection et de faveur que le commerce de l'Inde réclame, les avantages qu'il offre ne doivent pas faire fermer les yeux sur les dangers qu'il peut occasionner, et le meilleur mode peut-être de déterminer ses profits, c'est de commencer par porter un œil sévère sur son administration, sur son régime, pour en élaguer, avec ce qui peut gêner son action, tout ce qui tendroit à la rendre dangereuse pour le commerce intérieur.

Nous avons vu qu'il est désormais trop tard pour arrêter en Europe la consommation des objets manufacturés en Asie. L'intérêt bien entendu de nôtre commerce nous commande d'aller y puiser à la source la part que nous pouvons en verser dans les marchés étrangers et même celle dont le caprice et le luxe ont consacré l'usage parmi nous : n'oublions pas qu'une prohibition absolue seroit tyrannique en pure perte, car elle seroit illusoire ; et les bénéfices de la fraude, calculés sur les dangers à courir, feroient à coup sûr plus de mal à nos manufactures, que la prohibition ne leur feroit de bien, en la supposant rigoureusement exécutée.

Mais il est entre les deux extrêmes un terme moyen qui peut au moins offrir un avantage à côté d'un danger, et diminuer la somme des risques en les compensant par l'espoir d'un grand bénéfice. Quand les retours des Indes se composent de marchandises qui peuvent nuire directement à nos manufactures ; quand ils se composent des mêmes articles sur lesquels s'exerce

l'industrie nationale, frappez-les dans l'intérieur d'un droit très-
élevé, rendéz-en la consommation plus chère et plus rare : c'est
le moyen le plus sûr de favoriser nos propres fabriques et de leur
rendre au moins chez nous la préférence que l'industrie supérieure
des Asiatiques leur fait perdre sans cesse ; quant à l'étranger, la
faveur de l'entrepôt ne nous empêchera pas de les leur fournir
nous-mêmes, sans préjudice pour nos propres manufactures,
puisqu'il est malheureusement vrai qu'elles ne peuvent encore
lutter avec celles de l'Inde.

Cet art difficile de co-ordonner l'intérêt de l'industrie nationale avec celui du commerce extérieur, ou tout au moins de
diminuer, autant qu'il se peut, les préjudices que les manufactures de l'Inde portent aux nôtres, fut ignoré ou méconnu par
l'ancienne administration. Un réglement désastreux, rendu il y
a long-temps, autorisa l'entrée en France des toiles peintes de
l'Inde. Cette fausse mesure produisit un double mal : elle nous
rendit tributaires de l'Asie, par la consommation de ses toiles, qui
bientôt furent préférées aux nôtres ; elle porta un préjudice bien
plus grand à nos manufactures de Lyon et de Tours. Si leurs
soieries ne furent pas entièrement remplacées dans la consommation, du moins furent-elles bien affoiblies par la concurrence
des toiles des Indes, que le Gouvernement lui-même sembla
prendre à tâche de leur opposer, en permettant l'entrée d'une
marchandise faite pour flatter les goûts mobiles d'une nation
toujours avide de nouveautés. C'est ainsi que le premier principe
de l'économie politique, qui défend que le commerce intérieur
soit jamais sacrifié au commerce extérieur, si la nécessité ou un
plus grand intérêt ne le commandent, fut ignoré ou méconnu
par ceux-mêmes qui devoient en être les conservateurs.

Sans doute nous n'aurons plus à craindre, à l'avenir, de pareilles mesures, et l'administration fera disparoître jusqu'aux der-

nières traces d'une funeste incurie : mais relativement aux toiles des Indes, article important dans les retours des vaisseaux de la Compagnie, avant de déterminer les droits auxquels elles devront être soumises, avant d'établir si l'entrée leur en sera absolument interdite, pour ne leur accorder que la faveur de l'entrepôt, il est essentiel peut-être d'avoir des informations précises sur l'état de nos fabriques intérieures, et non moins sur celles que nous tirons directement d'Alexandrie; car ces toiles ne doivent presque pas être distinguées de notre propre industrie intérieure, parce que ce commerce à Alexandrie, comme dans nos villes, est exploité par des Français, ou n'est au moins alimenté que par nos propres denrées.

Peut-être ne devroit-on pas examiner avec moins de soin, lequel est préférable pour l'intérêt général de notre balance, ou d'admettre l'entrée des toiles de l'Inde par *acquit à caution* pour leur imprimer nos dessins, ou d'envoyer de France des modèles et des dessins français, pour les faire exécuter en Asie; l'un et l'autre présente des inconvéniens; l'un et l'autre offre des avantages. Les manufactures de dessin et d'impression en France peuvent occuper un grand nombre d'ouvriers; voilà le bien que la première mesure produit pour notre industrie; mais les dessins français, exécutés en Asie, seront préférables dans les marchés étrangers, parce que les couleurs, dans l'Inde, ont une ténacité, une vivacité que nous n'avons pu atteindre encore : voilà l'avantage qu'offre la seconde disposition. Nous ne prononçons point; mais le Gouvernement pesera l'un et l'autre dans sa sagesse.

On n'oubliera pas, d'un autre côté, que nos colonies d'Amérique consomment beaucoup de marchandises des Indes. Sans doute on aura le bon esprit d'empêcher qu'en aucun temps nos Antilles puissent s'approvisionner directement dans l'Inde, et

nous

nous n'imiterons pas l'erreur où tombent à cet égard les Espagnols, qui permettent directement le commerce entre les Philippines et Accapulco, au détriment de la métropole. Mais ce que nous ne devons pas permettre aux colons, il importe encore plus de le défendre aux étrangers ; et les Etats-Unis ont commencé à prendre dans l'Inde une assez grande importance commerciale, pour ne pas négliger des mesures salutaires propres à empêcher qu'en aucun temps ils ne puissent établir une branche essentielle de monopole avec nos colonies.

A cet égard on pourroit sans doute s'en reposer sur la sollicitude de la Compagnie ; mais son action ne pouvant pas s'étendre au-delà des limites de nos colonies des Grandes-Indes, elle auroit besoin de la surveillance directe du Gouvernement, relativement aux rapports clandestins que les étrangers pourroient établir avec nos Antilles.

Une précaution purement personnelle à la Compagnie, devroit empêcher, qu'en aucun temps, ses agens pussent eux-mêmes faire, d'Inde en Inde, un commerce pour leur compte particulier. C'est un danger dont la Compagnie anglaise ne se sauve pas, et le Gouvernement britannique a de bonnes raisons pour le tolérer. Mais enfin, bien est-il vrai que ce commerce est toujours en pure perte pour la Compagnie ; que les agens soignent mieux leurs affaires propres que celles d'autrui ; que souvent leur bénéfice peut se fonder sur les pertes de leurs commettans ; et qu'enfin tout est perdu, s'ils cessent de considérer l'intérêt de la Compagnie comme le leur propre. Pour parer à cet inconvénient, qui n'est que trop dans l'ordre des événemens, elle examinera s'il ne lui conviendra pas mieux d'attacher ses agens à la chose, par un intérêt au marc la livre dans les expéditions, plutôt que de leur fixer un traitement qui peut les attacher d'autant moins à la Compagnie, qu'il est tout-à-fait indépendant de ses propres bénéfices.

6

Enfin nous n'avons sans doute pas besoin de dire que, simple protecteur de la Compagnie, le Gouvernement ne pourroit, en aucun temps, avoir un intérêt social dans son commerce. Les développemens et les succès de la Compagnie, seroient assez grands et suffiroient à l'État. Sans doute il auroit toujours une surveillance directe sur elle ; mais indépendante et libre dans ses transactions ; rien ne pourroit gêner sa marche ou son action ; ses succès seroient d'autant plus grands que ; n'ayant point de concurrens à craindre, le crédit et la confiance ne tarderoient pas à s'associer à elle et à doubler ses capitaux à l'instant où l'intérêt et la convenance pourroient le rendre nécessaire.

SECTION IV.

Avantages pour la Marine et pour l'État.

Nous n'avons, jusqu'à ce moment, considéré l'établissement d'une Compagnie privilégiée, que sous le rapport de l'intérêt général du commerce et des moyens qu'elle présente pour faire celui de l'Inde d'une façon aussi utile que toute autre puissance, sans redouter une rivalité contre laquelle les armateurs particuliers pourroient d'autant moins lutter, que le premier effet de la liberté que quelques-uns réclament, serait de leur nuire à tous réciproquement, et de rendre par cela seul la situation de l'étranger plus favorable.

Examinons à présent les avantages maritimes que ce commerce peut offrir à l'État. Sans doute il a été suffisamment démontré que, s'il présente des avantages, balancés par les dangers auxquels il expose en laissant son exploitation libre à tous les négocians français, il diminue les inconvéniens et multiplie les chances de succès et de profits, en le rendant exclusif au profit d'une Compagnie. La raison d'état paroît dès-lors assez puissante pour devoir en faire consacrer le principe.

Mais ce n'est point assez, il faut encore prouver 1.º que la Compagnie sera toujours utile à l'Etat ; 2.º que le commerce de l'Inde, ne rendît-il que le pair ; que même fût-il désavantageux, il faudroit encore le conserver, si d'ailleurs il offroit des profits d'un autre ordre, faits pour balancer les pertes qu'il auroit occasionnées, ou pour l'emporter sur elles.

ARTICLE PREMIER.

La Compagnie sera toujours utile.

L'Europe entière est intéressée à voir rétablir la liberté et la concurrence dans le commerce des Grandes - Indes ; trois motifs également puissans en démontrent la nécessité. 1.º Les objets de luxe que l'Asie nous fournit, étant devenus une nouvelle espèce de besoin, toutes les nations doivent avoir le droit d'aller les chercher au premier marché, sans se voir grevées du montant du fret, de la commission et du bénéfice de la revente. 2.º Les Anglais, étant le peuple le plus fortement imposé de l'Europe, et celui dont le système de douane grève le plus le commerce, s'ils conservent le droit abusif de faire seuls celui de l'Inde, ils pourront établir, sur chacun de ses articles, les prix les plus élevés, et n'ayant point à redouter de concurrence, ils imposeront à l'Europe l'obligation d'acquitter une partie de leurs propres taxes. 3.º Enfin, la prétention d'un privilége exclusif de la part d'une nation, ou sur les mers ou sur les produits d'une partie quelconque du globe, outre qu'elle est absurde, devient une insulte pour toutes les autres.

L'établissement des diverses compagnies des Indes, chez les

6 *

nations commerçantes de l'Europe, n'a jamais eu d'autre but que de mettre chacune d'elles en position de faire son commerce directement et sans intermédiaire. Mais ce n'est pas seulement la concurrence de l'Angleterre qu'elles ont eu à redouter, et aujourd'hui, plus que jamais, c'est sa supériorité positive et le droit qu'elle s'arroge avec habileté de faire seule le commerce d'une contrée où les autres nations ne peuvent plus se permettre que des expéditions furtives.

Sans doute le Gouvernement anglais, co-ordonnant ses droits à l'harmonie heureusement rétablie, va diminuer un peu de la hauteur de ses prétentions, et cessant de s'isoler de l'intérêt général de l'Europe, il consacrera lui-même un principe que dix ans de guerre n'ont pu détruire. Dès-lors les droits de l'Europe et les nôtres rétablis dans toute leur intégrité, la Compagnie française des Indes s'associe naturellement à toutes les entreprises, à tous les plans commerciaux que le Gouvernement croira utiles ou nécessaires dans cette partie du monde. Jamais les armateurs particuliers ne seront pour lui d'un aussi grand secours que les agens de la Compagnie. Les capitaines envoyés par des négocians, dans leurs rapides expéditions, n'étendront jamais leurs recherches au-delà de l'intérêt propre qui les appelle. Dans telle circonstance, ils pourront contrarier les vues et l'intérêt commercial de l'Etat avec lequel ils seront sans rapport. Aucun d'eux n'aura jamais ou le temps ou la volonté de faire ou de suivre ces grandes découvertes qui intéressent le bien général d'un Empire.

Ces utiles expéditions ne peuvent être que l'ouvrage des grandes compagnies qui ont les moyens nécessaires pour entreprendre avec fruit d'exploiter une branche de commerce inconnue, ou pour établir des rapports d'échange avec des peuples nouveaux.

Les agens de la Compagnie, fidèles, actifs, intelligens, toujours sur les lieux, toujours aux aguets sur ce qui peut intéresser ou leurs commettans ou la métropole, n'étant pas même étrangers aux vues politiques et commerciales des puissances de l'Inde ou des peuples d'Europe qui ont des comptoirs en Asie, peuvent fournir des avis utiles sur le commerce, des documens précieux sur la statistique de l'Inde, et même des rapports et des vues sur la politique asiatique ou européenne dans ce qui pourroit contrarier ou favoriser l'intérêt de notre commerce; enfin ils sont le plus à portée, et par leurs habitudes et par leurs opérations journalières, de fournir au Gouvernement lui-même les renseignemens dont il a besoin sur ces plages lointaines.

Tandis que le négociant particulier, isolé de tout rapport avec l'Etat, voit rarement au-delà du mobile qui le fait mouvoir, et peut contrarier même un intérêt plus grand qu'il ignore, la Compagnie ne marche jamais que dans le sens du Gouvernement; elle le seconde toujours; elle obéit à son impulsion; elle éclaire sa sollicitude; elle est enfin, pour le commerce et pour l'Etat, une sauvegarde conservatrice qui les éclaire; elle est le point de jointure qui leur attache cette harmonie si nécessaire dans les dispositions administratives et dans les opérations qui doivent avoir leur action à une grande distance de la métropole.

La Compagnie anglaise est si riche, elle exerce un empire si étendu dans l'Inde, qu'on peut croire que, quelles que soient les dispositions du Gouvernement britannique, elle ne verra pas, sans jalousie, l'effort que nous allons faire dans ces contrées pour y rattacher, au nom français, la considération qui doit par-tout l'accompagner.

Si le commerce est livré à ses seuls efforts, que pourra-t-il faire? Quelle lutte d'émulation pourra-t il établir avec ce corps gigantesque qui l'écrasera de son poids? Que pourra-t-il tenter sur une plage sur laquelle il faut, en quelque sorte, tout recréer ou tout renouveler? Ses expéditions, toujours précaires, toujours onéreuses, ne laisseront, à ses ordonnateurs, que le regret de les avoir entreprises. Les capitaines ne sauront à qui s'adresser pour réclamer les moyens et l'appui qui leur manqueront. Isolés et perdus en quelque sorte au milieu d'un monde nouveau où ils ne trouveront que rivalité, que difficulté, que dégoûts, ils abandonneront une plage funeste, qui n'aura eu l'air de les appeler que pour tromper leur crédulité.

Le Gouvernement lui-même, que pourra-t-il pour eux? De quel secours lui seront ses agens militaires ou civils? Obligés de les entendre tous, de répondre à tous, qui pourra leur garantir la sagesse des mesures qu'ils devront prendre? Les dispositions qu'ils feront sur la demande d'un armateur, contrarieront les intérêts de son concurrent; les plans qu'ils arrêteront sur l'invitation d'un troisième, en léseront un autre; et dans ce conflit de vœux comme d'intérêts différens, privés de l'unité d'instruction si nécessaire, privés des lumières que pourroient seuls leur donner des agens instruits par la connoissance des lieux et par l'habitude des affaires de l'Inde, ils s'égareront dans un dédale de contrariétés; et si enfin ils adoptent, sans consulter, les mesures qu'ils croiront les plus sages, ils s'exposent à des réclamations sans fin de la part de ceux-mêmes au profit desquels ils auront cru devoir les prendre, par la seule raison que les intérêts de tous seront divergeans.

Ce danger disparoît, si les délégués du Gouvernement ne sont pas de simples commissaires de relations commerciales; fonctions auxquelles ils seraient forcément réduits, si le Gouvernement se résignait à n'avoir dans l'Inde que de simples comptoirs. Il y a moins de crainte et plus d'avantages, si les délégués investis d'un pouvoir et d'un caractère convenable n'ont à traiter qu'avec les agens de la Compagnie, s'ils n'ont qu'eux seuls à entendre; parce que, quand l'intérêt est un, les vues sont les mêmes; on ne discute que pour s'éclairer. La Compagnie étant seule partie active dans les mesures que les chefs de l'administration auront à prendre, son intérêt ne sera jamais méconnu par eux ; et ses agens, obligés d'obéir sans doute, auront toujours le droit de s'en faire écouter dans tout ce qui pourra se rapporter au commerce de leurs majeurs, qui, dans cette contrée, sera réellement celui de l'Etat.

Ajoutons encore que l'état de nullité où sont tous nos comptoirs de l'Inde, exigera des avances qu'une grande Compagnie peut seule faire dans l'espoir de s'en récupérer. Sans doute le Gouvernement rétablira tout à ses frais ; mais il est une multitude d'objets qu'il ne pourra embrasser, et qui, plus directs à la Compagnie, seront à sa charge, et ne pourroient qu'effrayer des négocians particuliers. Enfin l'intérêt politique n'exige-t-il pas plus impérieusement encore que la France oppose à la Compagnie anglaise, si non une Compagnie rivale, il lui seroit difficile, dans le principe sur-tout, de la rendre telle, du moins un corps assez puissant pour se faire respecter par elle, et pour mériter les ménagemens des princes de l'Inde ? Et assurément, des commerçans isolés qui ne seront jamais assez nombreux ou assez riches, ne pourroient se flatter d'atteindre à ce but, quelle que fût d'ailleurs l'action des dépositaires de l'autorité pour les protéger.

D'autre part, pourquoi la Compagnie ne se flatteroit-elle pas un jour d'obtenir encore d'autres avantages ? Voyez la persévérance des Anglais et jugez leur habileté. Le commerce de l'Inde a des dangers mais il a des avantages ; ils diminuent, ils détruisent les uns pour augmenter les autres au profit de leur métropole. La canne à sucre originaire de l'Inde, ne croissoit plus dans les champs qui furent son berceau, ils la leur ont rendue. Ils ont établi des raffineries pour composer, de leurs produits, des retours plus avantageux ; ils ont implanté le lin, ils ont naturalisé le chanvre dans les campagnes de l'Inde; ils peuvent désormais y construire. Avec le temps ils pourront composer de nouveaux chargemens, d'autant plus utiles, qu'ils remplaceront les manufactures des Indes, moins avantageuses à la métropole et quelquefois nuisibles à ses manufactures. Voilà, sans doute, des plans et des opérations utiles. Pourquoi une émulation louable ne se mettroit-elle pas en mesure de pouvoir les imiter un jour? On ne doit certes pas l'espérer du commerce particulier, mais la Compagnie peut y atteindre. Son activité toujours entretenue par la protection franche du Gouvernement, toujours stimulée par l'espoir d'ajouter de nouveaux bénéfices à des bénéfices acquis, on doit présumer qu'elle ne négligera rien de ce qui pourra la faire prospérer : et, en dernière analyse, n'est-on pas fondé à croire que plus elle étendra son commerce dans l'Inde, plus elle y multipliera ses profits, et plus elle contribuera à consolider dans ces pays lointains la considération due au Gouvernement, et le respect des nations qui les habitent. Car les peuples de l'Inde ne nous haïssent pas; jamais nous ne fûmes leurs persécuteurs, mais la puissance de la Compagnie anglaise les environne; et les égards qu'ils auront pour nous ne seront jamais qu'en raison des bénéfices qu'ils pourront faire avec nous et de l'appareil avec lequel nous saurons nous montrer au milieu d'eux.

Enfin sous le rapport de l'intérêt de la balance et de l'économie intérieure, on peut croire que la Compagnie n'agissant jamais que sous l'inspection immédiate du Gouvernement, aura rarement des intérêts qui lui seront opposés; que quand il seroit possible qu'elle en eût, la surveillance sera aussi simple que facile. Un seul port pour les retours des Indes, des magasins tous situés dans le même lieu, et toujours sous la main du préfet maritime de l'Orient, ne laissent aucune possibilité à la fraude, dans le cas où l'on voudroit la supposer, et quand même la Compagnie voudroit s'y prêter.   Par

Par son moyen le Gouvernement aura toujours la certitude de la balance de l'Inde, par les comptes que les directeurs seront obligés de lui représenter, tant sur la valeur des exportations, que sur celle des réexportations. Il saura toujours, à point nommé, si la somme de la consommation excède celle des réexportations dans les articles des Indes; par eux seuls il pourra connoître l'action de l'industrie étrangère sur les manufactures nationales, et juger les branches de commerce qu'il faut encourager, celles qu'il faut restreindre, et les moyens les plus propres de rendre les réexportations plus fortes que la consommation, avantage le plus positif que présente le commerce d'Asie. Par eux enfin, il obtiendra les moyens de connoître la part positive que prend le numéraire dans le commerce de l'Inde. La moralité des directeurs ne se refusera pas à lui donner un compte exact et fidèle des piastres que les vaisseaux de la Compagnie auront chargées dans le port de Cadix. Ils appelleront eux-mêmes la surveillance du ministre chargé du commerce, et qui sera le premier administrateur honoraire de la Compagnie. Et certes aucun de ces avantages ne peut être procuré au Gouvernement par le commerce particulier contre lequel on sera toujours obligé de multiplier les entraves et les précautions.

ARTICLE DEUXIÈME.

Le commerce de l'Inde, fût-il désavantageux, il faudroit encore le conserver.

Toutes choses égales d'ailleurs, quand le commerce de l'Inde ne rendroit que le pair, quand même il seroit désavantageux à la Compagnie qui l'exploiteroit, ne laisseroit pas pour cela d'offrir encore des avantages au Gouvernement.

C'est le cas de répéter ici la maxime que nous avons eu occa-

7.

sion de développer ailleurs. Il est telles circonstances où le négociant peut perdre sur une opération , et cependant l'Etat y
gagne encore. Le citoyen *Arnoult*, dans sa balance du commerce,
ouvrage d'ailleurs très-estimable, s'élève avec un peu trop d'â-
preté contre le privilége des anciennes Compagnies des Indes.
Il déduit avec complaisance tous les motifs qu'il croit propres à
relever les dangers d'un privilége , mais il oublie d'en présenter
tous les avantages ; il ne les pèse pas dans la même balance ; il
n'examine pas si ceux-ci ne la feroient pas pencher ; il n'analyse
pas assez les rapports politiques. C'est avec regret , mais avec
conviction, que je tire, des mêmes faits, des conséquences opposées.

Je conviens que le commerce de l'Inde qui présente ordinairement au moins un bénéfice de 40 p. $\frac{0}{0}$, peut n'en donner posi-
tivement que 15 aux armateurs : mais si ceux-ci ne gagnent
que 15 , le commerce général gagne réellement 40 , puisqu'il
faut ajouter au bénéfice positif des armateurs les 25 p. $\frac{0}{0}$ qu'ils
payent sur le profit total de l'expédition. Ces 25 p. $\frac{0}{0}$, comme
nous l'avons vu ailleurs, sont absorbés par la mise dehors du
navire, les frais d'emballage et de port à bord , le fret, nourriture et salaire d'équipage , commission d'entrée et de sortie,
assurance d'aller et de retour, etc., etc. Or tous ces objets
figurent nécessairement comme profits du commerce ; et là où
le commerce gagne , l'Etat gagne aussi sa part. Que dis-je?
dans ces expéditions lointaines les dépenses d'aller et de retour
étant à-peu-près les mêmes , le négociant peut n'obtenir que son
pair, il peut même y perdre sans que le commerce en général
et l'Etat cessent pour cela d'y trouver leur compte. Il resteroit
donc à examiner la part que les piastres prennent dans les exportations, et celle qu'ont les objets manufacturés de l'Inde dans

les importations; encore faudroit-il distinguer dans celles-ci tout ce qui n'entre que pour ressortir.

Nous avons précédemment discuté cet objet : mais quand il seroit vrai que, tout calcul fait, le commerce de l'Inde présentât un *déficit*, il ne faudroit pas pour cela l'abandonner, si l'on observe l'action qu'il a sur la marine et la navigation, dont le citoyen *Arnoult* n'a peut-être pas assez pesé les avantages dans le commerce de l'Asie.

En effet, si l'on considère l'état de notre marine, on conviendra sans peine que, de tous les moyens capables de la rétablir et de lui rendre son activité, il ne faut en négliger aucun, qu'il faut les saisir tous avec un égal empressement. Et, quel champ plus vaste, plus fécond, plus propre à former des marins, que la navigation de l'Inde et de ses nombreux Archipels? Quels moyens plus propres à leur donner de l'expérience, des talens et de l'habileté, que l'habitude de vivre sur un élément qu'ils apprennent à braver pour finir par le maîtriser?

Non, non, ce ne sont pas nos établissemens de la presqu'île à nous rendre, qui peuvent alarmer nos rivaux; c'est l'habitude de la mer qu'ils voudroient nous faire perdre. Nos comptoirs de l'Inde sont dans un état trop précaire pour les inquiéter de long-temps, mais c'est notre navigation qui les tiendra continuellement en haleine et en éveil. Sans doute la paix sera ferme et stable, mais ils n'en surveilleront pas pour cela d'une façon moins sévère nos mouvemens; ils ne détruiront pas l'harmonie heureusement rétablie, mais une rivalité d'émulation ne pouvant pas cesser d'exister entre nous, j'ose croire qu'ils rendroient de solennelles actions de graces à tout homme assez influent parmi nous pour empêcher la restauration de la Compagnie des Indes. Comme Compagnie commerçante, ils ne la redouteront pas, de long-temps, j'y consens; ils doivent cependant commencer à sentir qu'ils ne peuvent pas conserver sur toutes les côtes et sur toutes les mers connues une souveraineté illusoire ; le monde d'ailleurs est assez grand, ils en possèdent une assez grande part pour exploiter en paix leur immense commerce ; mais ils redouteront en elle les développemens qu'elle peut nous faire prendre sous le rapport maritime ; ils redouteront cette activité qu'elle alimentera sans cesse dans nos marins, par l'espoir des bénéfices et des récompenses ; il faut même trancher le mot, ils redouteront cette foule de matelots et d'hommes instruits dont elle peuplera nos flottes, si malheureusement un jour . . . . . Mais non, loin de moi une cruelle prévoyance ! ce n'est pas au moment où la paix étend sur l'Europe sa salutaire influence, qu'apôtre sinistre, j'oserai repousser ou le bonheur qu'elle nous rend, ou les illusions dont elle nous berce, et prévoir qu'elle puisse un jour cesser d'habiter parmi les hommes.

Cependant, au sein du bonheur on doit redouter les revers ; au milieu du calme, il faut craindre l'orage. Ainsi l'ordonne cette science prévoyante qu'on nomme la politique. Et, sous ce rapport, de quelle foule de biens le commerce de l'Inde n'est-il pas pour nous la source ? Une navigation prospère et bien entretenue formera des marins instruits ; la certitude d'une occupation constante peuplera la marine de la Compagnie d'une quantité d'hommes qui eussent peut-être été inutiles et qui deviendront d'excellens matelots ; ses vaisseaux formeront des élèves utiles ; elle aura une école de marine qui sera d'autant plus sûre, que se faisant à bord, elle ajoutera à la théorie les leçons de l'expérience. La navigation périlleuse des parages du Cap de Bonne-Espérance et des mers de l'Inde, habituera les jeunes élèves à braver le danger, et à s'instruire même au milieu des tempêtes. Les vaisseaux de la Compagnie deviendront un noviciat pour mériter l'honneur de monter sur ceux de la République. Le Gouvernement, en les admettant, profitera de leurs lumières, de leur expérience, acquises au prix des plus pénibles travaux. La construction elle-même reprendra une activité nouvelle ; elle s'agrandira de tous les besoins de la Compagnie ; elle s'enrichira de tous les moyens dont ses grands capitaux lui permettront l'emploi. Plus la Compagnie étendra son commerce, plus elle multipliera ses rapports dans l'Inde, et plus la navigation et la marine prospéreront ; plus elle occupera de vaisseaux, plus la construction sera activée : la détérioration, le radoub, la vétusté, tous ces objets de perte pour elle sont des moyens de profit pour l'Etat (1). Les découvertes dans lesquelles ses capitaines s'engageront pour le bien de son service et pour trouver de nouveaux débouchés et de nouveaux produits, tourneront au profit de la République ; aucune de ses entreprises ne pourra avoir lieu, sans lui apporter sa part de bénéfices. Enfin, unie au Gouvernement sous une multitude de rapports, et en ayant très-peu où l'intérêt de l'une ne soit pas celui de l'autre, aucune opération, aucun plan ne pourra avoir lieu sans que le Gouvernement n'y ait et droit de présence et droit de participation aux bénéfices.

Il est encore une infinité de considérations toutes également favorables à l'existence de la Compagnie, qu'il seroit possible de faire valoir ; mais n'ayant qu'un rapport indirect avec le commerce, j'ai cru devoir m'en abstenir, pour ne m'arrêter précisément qu'à celles qui, ne s'écartant pas du but de cet ouvrage, m'ont paru suffisantes pour le remplir.

Enfin, je ne me permettrai plus qu'une seule observation, qui deviendra le corollaire de tout ce que j'ai dit sur cette importante matière ; et, pour la rendre plus concluante, je la présenterai en

(1) Il est même permis de prévoir dans l'avenir l'instant où il sera défendu à la Compagnie d'employer à ce commerce des vaisseaux à elle, pour pouvoir repartir plus généralement sur le commerce le bénéfice de la construction et du fret.

forme de dilemme : ou le commerce de l'Inde est avantageux, ou il est nuisible. S'il est avantageux, une Compagnie peut seule, en l'Etat, nous mettre à portée de recouvrer les bénéfices qu'il pouvoit jadis nous offrir ; s'il est nuisible, on ne peut encore le confier qu'à une Compagnie, pour diminuer la somme de ses risques, lorsque d'ailleurs la nécessité de ce commerce est démontrée, et qu'on ne peut l'abandonner. De-là dérive un principe d'économie qui ne doit jamais être méconnu. Tout commerce avantageux à l'Etat et aux particuliers demande une liberté absolue. Le privilége qui en circonscrit l'exercice dans un petit nombre de mains, est une atteinte portée aux droits du commerce et un préjudice pour l'Etat lui-même, dont il diminue les bénéfices ; mais tout commerce onéreux exige la limitation la plus sévère, pour le rendre le moins nuisible qu'il se peut, lorsque d'ailleurs les circonstances sont telles, que l'intérêt de l'Etat défend de s'en abstenir ; et telle est précisément la situation de la France, relativement au commerce de l'Inde. Alors des motifs politiques commandent de faire fléchir l'austérité des principes devant le premier de tous les mobiles, *l'intérêt d'Etat.* Alors le privilége exclusif perd son caractère repoussant ; il devient conservateur, et est le premier agent que la raison commande d'employer.

SECTION V.

Nouvelles preuves de la nécessité d'une Compagnie. Réponse au Mémoire historique et politique du commerce de l'Inde.

Au moment où ce Mémoire s'imprime, je reçois un exemplaire du *Mémoire historique et politique sur le commerce de l'Inde*, que le citoyen *Garonne* aîné vient de publier.

L'auteur de cet ouvrage, sans prononcer d'une manière affirmative entre les avantages et les dangers d'une Compagnie, pense néanmoins que les circonstances impérieuses où nous nous trouvons, commandent de laisser le commerce de l'Inde libre à tous les négocians.

Comment se fait-il que partant du même point, nous appuyant également sur l'expérience, avec le même désir du bien et ayant tous deux pour but unique l'avantage de notre balance commerciale et politique, nous tirions cependant des conséquences si opposées ?

Au hasard de tomber dans quelques redites, je vais essayer de répondre, avec autant de bonne foi que de franchise, à l'écrivain dont j'eusse aimé à partager l'opinion : mais en différant avec lui, et même en le combattant, rien n'altérera ni les égards dus à l'auteur, ni l'estime due à l'ouvrage.

Déjà on a pu apprécier les motifs qui m'ont fait penser que le commerce de l'Inde, sur-tout dans les circonstances, ne pouvoit être fait que par une Compagnie. Tâchons à présent de répondre aux objections du citoyen *Garonne* aîné, et ne nous arrêtons qu'aux principales ; elles sont au nombre de dix : je vais les reproduire sans les affoiblir. Mes réponses suivront immédiatement, et pour en rendre la solution plus facile, je vais les présenter en deux colonnes.

OBJECTIONS.	RÉPONSES.
Motifs de l'auteur du Mémoire en faveur du commerce libre.	Ce commerce présente des inconvéniens, parce qu'il absorbe une partie de
1.º *Le désir de donner à ce commerce la direction la plus convenable à notre situation actuelle, attendu que ce commerce n'est pas sans inconvéniens.* p. 4 du Mémoire.	notre numéraire pour ne nous rendre que des marchandises qui attaquent notre propre industrie. Sous ce rapport il est complétement nuisible. Or, tout commerce nuisible, quand d'ailleurs des intérêts politiques commandent de

s'y livrer, ne peut être trop sévèrement limité : il faut que le Gouvernement en soit le modérateur et l'arbitre, pour qu'en aucun cas ce genre de commerce ne puisse dépasser les bornes que l'intérêt public aura fixées. Une Compagnie obéit à la loi qui l'a créée et aux conditions qui la déterminent; une sévère surveillance empêche qu'elle puisse jamais franchir les limites de ses attributions et augmenter les pertes de la balance à mesure que ses expéditions se multiplient trop.

Si le principe de la liberté du commerce de l'Inde est consacré, les dangers s'accroissent d'autant plus, que chaque négociant pouvant faire ce qui lui plaît et ne rencontrant d'autres obstacles que ceux d'une fortune trop bornée ou du défaut de confiance de la part des actionnaires qu'il appelle, s'il surmonte ces difficultés il n'est plus de terme où il puisse s'arrêter, parce que, toujours isolé par son intérêt, les dangers et les pertes de l'Etat ne sont rien pour lui, lorsqu'il trouve de grands bénéfices dans le commerce de l'Inde. Si par hasard le Gouvernement, effrayé d'une liberté sans bornes, veut limiter les expéditions même chez les particuliers, la liberté n'existe plus, et, sous un autre nom, l'exploitation de ce commerce devient le privilége exclusif de la richesse, et des Compagnies privées pourront gagner de vitesse les négocians qui suivent la même carrière.

| 2.º *Notre situation intérieure, relativement à l'intérêt de l'argent.* *La grande exportation de numéraire* | Notre déficit sera-t-il plus ou moins augmenté par une Compagnie ou par le commerce libre ? voilà la première question ; |

que ce commerce suppose, augmentera question. Quelle est la somme disponi-
notre déficit. p. 8.   ble que le Gouvernement peut annuelle-
ment y consacrer ? telle est la seconde.

La nécessité politique du commerce de l'Inde est reconnue , il s'agit donc de
déterminer quelle est la somme dont cette nécessité commande la privation
annuelle à la circulation de l'Etat. Supposons qu'elle s'élève à 3o millions : cette
somme peut être employée par le commerce libre comme par une Compagnie.
Toutes choses demeurent donc égales à cet égard , relativement au *déficit* du
numéraire et à l'intérêt de l'argent , excepté toutefois l'avantage qu'a une
Compagnie , forte de moyens et de confiance , d'obtenir l'argent ou le crédit à
un moindre intérêt.

D'autre part le commerce d'Asie , limité dans les mains d'une Compagnie,
le Gouvernement peut connoître , chaque année , chaque mois , chaque jour ,
la somme positive que ce commerce dérobe à la circulation ; l'empêcher d'y
employer un écu de plus qu'il ne l'aura voulu ; le réduire même si son intérêt le
lui commande. Au lieu que si ce commerce est libre , comment le Gouvernement
pourra-t-il en être le régulateur ? Par ses préfets maritimes , par ses conseils de
commerce , par les registres des douanes il connoîtra sans doute jusqu'à un
certain point, et jamais absolument, les sommes annuelles qu'il dérobe à la circulation ; mais si ces sommes dépassent le *maximum* qu'il aura établi, comment
pourra-t-il les réduire sans détruire même le principe de la liberté du commerce
qu'on invoque avec tant de zèle ?

On dira peut-être que ce commerce , qui exige une grande avance de fonds ,
ne permettra pas aux négocians de dépasser la somme annuelle que le Gouver-
ment aura fixée. D'où le sait-on ? Comment peut on le dire , si l'on ne commence par déterminer si le commerce de l'Inde est préjudiciable ou avantageux
à l'individu qui s'y livre ?

S'il est préjudiciable au commerçant, il n'y a pas de doute les expéditions
seront rares et précaires , elles ne s'éleveront jamais à la somme annuelle qu'il
sera permis d'y consacrer. Mais aussi le but politique du Gouvernement ne sera
point rempli et les avantages qu'il espère dans la presqu'île et sur le continent
d'Asie, étant perdus pour lui, il ne lui restera que le regret d'avoir fait des sacrifices gratuits.

S'il est avantageux au particulier, avec le temps les expéditions ne manqueront pas de se multiplier et d'exiger l'emploi d'un capital beaucoup supérieur
à celui qu'on aura cru devoir affecter à ce genre de commerce ; et en dernière
analyse, quelques négocians se seront enrichis d'une partie des pertes que la

balance générale aura éprouvées, au hasard même de savoir si les espérances politiques du Gouvernement se seront réalisées.

3.º *Tous les avantages de position et de puissance des Anglais dans l'Inde, notre situation très-précaire comparativement à eux, tout démontre qu'il faut commencer à préparer des résultats différens avant de donner une grande extention à ce commerce; et lors même qu'il seroit prouvé par les succès des Compagnies anglaises et hollandaises que le commerce de l'Inde . . . . . ne peut être suivi que par une Compagnie privilégiée. . . . Un pareil établissement, dans les circonstances actuelles, auroit trop de défaveur et trop de dangers. p. 7.; et les essais du commerce se concilieroient mieux avec notre position actuelle dans l'Inde. page 46.*

C'est dans notre situation même sur la côte d'Asie que j'ai puisé mes motifs les plus forts pour déterminer l'établissement d'une Compagnie. Il est certain qu'elle seule peut nous donner ce qu'en vain nous chercherions à obtenir du commerce libre. Le tableau que le cit. *Garonne* trace de la puissance des Anglais est frappant de vérité; mais plus ils sont forts, plus nous devons concentrer nos moyens pour échapper à la dépendance.

Que pourront nos commerçans isolés et en quelque sorte perdus sur les côtes et dans les vastes Archipels des Indes? Quelle résistance pourront-ils opposer aux volontés d'une Compagnie forte d'argent, de crédit et propriétaire d'un immense territoire? Comment pourront-ils échapper aux prétentions, je dirai presque aux vexations contre lesquelles ils auront à lutter? Très-certainement ils n'obtiendront que ce que la Compagnie angloise ne voudra pas ; ils ne s'approvisionneront qu'après elle, si toutefois ce n'est pas de ses propres facteurs qu'ils seront obligés d'acheter leurs retours, pour obtenir le droit précaire de faire quelques expéditions furtives et isolées sur des côtes où elle domine.

Sans doute la Compagnie française ne pourra pas se développer avec un grand éclat dès l'origine ; sans doute elle n'aspirera pas à lutter avec la Compagnie angloise, et elle aura le bon esprit de ne pas le vouloir. Mais beaucoup moins foible que chaque particulier isolé, elle aura plus de moyens de résister aux prétentions trop hautaines ; elle en aura davantage pour résister au servage commercial et au monopole; des capitaux plus imposans lui promettront un emploi plus fructueux et l'exposeront à de moindres sacrifices, dont aucun ne sera perdu ; enfin ses liaisons avec les soubahs et princes de l'Inde auront un caractère plus respectable qui rendra ses transactions plus faciles et plus avantageuses.

Il est démontré que la puissance angloise dans l'Inde est l'ouvrage de sa Compagnie, parce qu'une compagnie peut seule avoir cet esprit de suite, cette persévérance qui mûrit les grandes entreprises et cette force qui les exécute. Par elle seule les Anglois sont devenus propriétaires d'une immense contrée; par elle seule ils ont associé la souveraineté au commerce; par elle seule enfin ils ont fondé dans ces régions lointaines des colonies agricoles.

Dans tous les temps le commerce de l'Inde chez toutes les nations qui ont voulu y participer a été mis entre les mains d'une Compagnie. Sans parler de celles qui existent aujourd'hui, l'Autriche forma au commencement du siècle passé sa Compagnie d'Ostende qui porta ombrage au commerce d'Amsterdam et de Londres. Ces deux Etats se réunirent, et pour obtenir la révocation de la Compagnie d'Ostende, ils consentirent à faire reconnoître la pragmatique sanction, à laquelle le chef de la maison d'Autriche tenoit plus encore; et c'est au prix de cette reconnoissance que l'empereur révoqua son privilége. En 1780, Joseph II, qui soudoyait alors le polonois *Benowsky*, envoyé par la France à Madagascar, en établit un nouveau au fonds du golfe Adriatique; et la Compagnie de Trieste, malgré les désavantages de sa position, n'alarma pas moins l'Angleterre.

Quand Frédéric le Grand voulut, dans l'universalité de son ambition, n'être pas étranger au commerce des Indes, il créa la Compagnie d'Embden; et l'on se rappelle encore les soins, les efforts et les moyens que l'Angleterre mit en œuvre en 1751 pour empêcher ses dévelopemens ou pour forcer Frédéric lui-même à y renoncer : c'est ainsi qu'à toutes les époques, le commerce de l'Inde a fait ériger des Compagnies; car on ne peut le féconder que par elles.

Sans doute les Anglois, tout puissans dans l'Inde, emploieront tous leurs efforts pour nous empêcher de lutter de pair avec eux, et de devenir leurs rivaux; mais notre infériorité même ne nous fait-elle pas une nécessité d'alléger le fardeau de la dépendance commerciale? Et pouvons-nous diminuer ce fardeau autrement que par le moyen d'une Compagnie qui, forte de moyens, d'argent et même de considération, présente sans cesse des ressources que le commerce isolé ne peut offrir?

4.º *En admettant que le commerce de l'Inde ne pût être suivi que par une Compagnie privilégiée; il fau-*   L'occasion la plus favorable est celle que le moment de la paix présente. C'est celle où tous nos rapports com-

droit........ attendre une occasion plus merciaux vont reprendre leur activité *propice pour s'occuper d'un pareil éta-* première, suspendue par la guerre la *blissement*, p. 7. plus terrible. C'est celle où il nous importe de reparoître sur les côtes de l'Inde avec la considération que l'existence d'une Compagnie suppose, et non avec l'attitude incertaine d'un commerce précaire, qui n'auroit l'air que d'être arraché à la complaisance des maîtres de l'Asie. C'est celle enfin où, libres par la paix d'établir nos rapports commerciaux de la manière que nous croirons la plus avantageuse, nous n'aurons point à craindre que les Anglois, quelque intérêt qu'ils y attachent, veuillent s'opposer à aucune des mesures qui ne contrarierons point nos traités avec elle.

Car si c'est là le motif des craintes de l'auteur du Mémoire, de quel droit, à quel titre la cour de Londres s'ingéreroit-elle de s'opposer à l'établissement d'une Compagnie qui a existé de tout temps ou que nous croirions utile de former, quand même elle n'eût jamais existé ? Si la crainte de stimuler sa jalousie pouvoit nous arrêter en ce moment, cette crainte ne seroit-elle pas plus forte à l'avenir, quand nous croirions utile de recréer une Compagnie? Cette cour elle-même n'essayeroit-elle pas d'arrêter alors une mesure qu'elle tâcheroit de faire regarder comme une innovation par suite des ménagemens serviles qui nous auroient fait obéir à des terreurs imaginaires ? Enfin le Gouvernement, en cherchant à s'éclairer sur les dangers et sur les avantages d'une Compagnie, n'a-t-il pas déjà suffisamment annoncé que parfaitement libre dans ses plans, ses déterminations sont indépendantes de l'opinion ou de l'intérêt que peuvent y attacher les Anglois.

Mais les circonstances ne sont pas favorables à l'établissement d'une Compagnie. J'ose croire, au contraire, que ce sont les circonstances mêmes qui le nécessitent. Si notre position commerciale, politique ou militaire dans l'Inde étoit plus avantageuse, la Compagnie perdroit de son utilité en raison des moyens que nous aurions de nous y passer d'elle.

En effet, supposons que notre commerce dans l'Inde soit devenu très-florissant, que nos rapports politiques y ayent pris le caractère le plus imposant, que le Gouvernement y soit fort de puissance et de considération : supposons même que nous soyons devenus grands propriétaires en Asie, et que nous y ayons des sujets propres à consommer les marchandises françaises que nous pourrons leur fournir. Alors de quelle utilité peut-être la compagnie ? Quels sont ses avantages, ou pour mieux dire quelles entraves n'oppose-t-elle pas aux développemens d'un commerce qui aura perdu tous ses inconvéniens, pour n'en laisser subsister que les avantages? Alors le commerce ne sera-t-il pas fondé à réclamer contre l'existence d'une Compagnie qui aura tous les caractères, tous les abus d'un privilége, et qui n'en jouira qu'aux dépens des particuliers et de l'Etat ?

Le privilége des Compagnies n'a jamais été et dû être que temporaire, parce que son utilité a des bornes, parce que le Gouvernement en tout temps a eu le bon esprit de sentir qu'il devoit arriver un jour où les améliorations produites par le privilége ameneroient un nouvel ordre de choses, et que le premier bienfait du privilége étoit de le rendre un jour inutile.

Les Compagnies françaises jusqu'à ce jour n'ont pas produit cet heureux résultat ; bientôt j'examinerai comment et pour quoi ; mais en attendant il doit être matériellement démontré qu'une Compagnie est indispensable aux développemens d'un commerce précaire, qu'elle est l'auxiliaire de la foiblesse, et qu'au moment où cette foiblesse est remplacée par la vigueur et par la force, son secours devient inutile : et certes le moment où elle cesse d'être avantageuse n'est pas celui qu'on doive choisir pour en fixer l'établissement.

Allons plus loin encore et présentons l'exemple de la puissance angloise dans l'Inde. C'est par le secours de sa Compagnie qu'elle a obtenu tous les avantages qui la distinguent ; mais plus le pouvoir du Gouvernement anglois s'est consolidé dans ces contrées lointaines, et plus l'existence de la Compagnie lui devient inutile en ce moment. Pénétrées de cette vérité, les deux chambres du parlement Britannique ont retenti plus d'une fois de réclamations fondées contre l'existence du privilége qui perd aujourd'hui de son utilité, à mesure que la puissance de ces insulaires dans l'Inde, les rend plus indépendans de la Compagnie. Si celle-ci a rendu de grands services, de grands profits en ont été la récompense. Chaque jour ses priviléges reçoivent quelques atteintes dont le commerce général profite. D'abord on lui a défendu de construire des vaisseaux pour mettre le commerce en mesure de profiter des bénéfices de la construction et du fret ; bientôt on a limité le nombre des voyages de chaque vaisseau à la destination de l'Inde, pour augmenter la marine et multiplier les profits de la construction en faveur des négocians particuliers ; enfin on l'a soumise à l'importation d'un certain nombre de tonneaux de marchandises des Indes pour le commerce libre.

Qu'on veuille bien observer que toutes ces restrictions n'ont eu lieu et ne se sont constamment accrues, que lorsque l'utilité de la Compagnie diminuoit par la force progressive que le Gouvernement acquerroit dans l'Inde. Si même en ce moment le privilége de la Compagnie n'a pas été soumis à une révocation absolue , c'est à des motifs particuliers qu'il faut l'attribuer. Si l'on peut hasarder de soulever un coin du voile qui dérobe aux profanes les mystères de la politique , il est peut-être permis de penser que le Gouvernement anglois supporte avec impatience le partage de la souveraineté avec sa propre Compagnie , que n'ayant plus besoin d'elle il ne tarderoit pas à s'en affranchir , si d'ailleurs une crainte politique et fondée ne l'empêchoit pas seule en ce moment de la dissoudre, pour constituer sa souveraineté de droit comme il l'exerce de fait sous un nom qui lui sert d'égide. Et cette conjecture paroîtra d'autant plus fondée , que déjà même le roi a obtenu le patronage exclusif de l'Inde , dont il est devenu l'arbitre suprême par un bill solennel.

Concluons donc qu'une Compagnie nous est d'autant plus indispensable , que nos moyens sont plus bornés ; et qu'elle est d'autant plus inutile à l'Angleterre , que sa puissance la mettroit plus aisément dans le cas de se passer d'elle.

5.ᵉ *Si le Gouvernement crée une Compagnie , nos manufactures en souffriront, parce que l'intérêt de cette Compagnie sera d'augmenter , le plus possible, le débouché de nos mousselines , toiles de cotons...... S'il laisse aux négocians la liberté de ce commerce, cet intérêt sera beaucoup moindre ; il leur sera égal en effet d'importer des cotons ou des étoffes fabriquées ; et les opérations de commerce pourront se concilier davantage avec les intérêts de nos fabriques ,* p. 9.

Répondons par ordre. Je suis bien éloigné de contester que le commerce de l'Inde, si on en réduit les retours aux marchandises fabriquées , ne nuise actuellement à quelques-unes de nos manufactures ; et j'en ai d'autant moins dissimulé les dangers dans tout le cours de cet ouvrage, qu'ils sont un des principaux argumens destinés à démontrer la nécessité d'une Compagnie. Il ne faut cependant pas tirer des conséquences trop absolues. Si le commerce de l'Inde nuit à quelques-unes de nos manufactures , il est utile à

d'autres, il a même contribué à en créer de nouvelles. C'est depuis que le commerce d'Asie a pris un certain développement en France , que se sont établies les fabriques de toiles d'impression. Telles ont été les fabriques d'Orange, qui ont donné leur nom à toutes ces espèces de toiles d'impression, la maison *Sarrazin Demaraize Obercamp* et Comp.ᵉ de Joui , celle de *Picot et Fazi* de Lyon, celle de *Jaques de Mainville* d'Orléans, etc. Depuis que ces manufactures , qui diffèrent de celle de Rouen, ont pris de grands développemens , toutes celles qui se sont établies dans diverses places , les ont imitées. Chacune d'elles n'a pu s'établir que par le commerce de l'Inde qui les alimentoit, puisque ce n'est que sur les toiles de l'Inde qu'elles ont long-temps imprimé leurs dessins.

Dans la suite et de nos jours, ces dessins ont été appliqués sur des toiles françoises, tissues dans les nombreuses fabriques du Beaujolois. Que la consommation de ces toiles doive être préférée en France parce qu'elle est plus avantageuse au commerce, je le conçois ; mais la consommation étrangère et la réexportation méritent cependant d'être pesées dans la balance ; et s'il est vrai que les étrangers, comme je l'ai dit ailleurs, préfèrent les toiles des Indes à celles que nous pouvons leur fournir, pourquoi nous priverions-nous d'aller les acheter nous-mêmes dans le premier marché pour les leur vendre ensuite ?

Le commerce de l'Inde, qu'il soit libre ou privilégié, ne cherche que des consommateurs. Réduisons, autant qu'il sera possible, le nombre des acheteurs nationaux, pour augmenter celui des consommateurs étrangers, jusqu'au moment où les articles de nos fabriques propres pourront, dans les prix et dans les qualités, rivaliser ceux des manufactures de l'Inde. Là est notre intérêt, c'est là qu'il faut le voir.

Quant au dommage que le commerce de l'Inde porte à nos fabriques de soie, je n'essayerai point de le contester ; sans doute il est positif : au lieu de chercher à établir une compensation imparfaite entre les pertes et les profits, je me bornerai à dire que quand la nécessité nous commande de ne point abandonner le commerce d'Asie, tous les efforts de la sagesse doivent tendre à diminuer, autant qu'il sera possible, les inconvéniens qui en résultent.

Mais, dit-on, le danger sera moindre si le commerce est libre, parce qu'il *sera égal* aux négocians d'importer des cotons ou des étoffes.

En économie commerciale, à risques égaux, le négociant cherche toujours le plus grand bénéfice. Il ne lui est jamais ÉGAL de gagner moins quand il peut gagner plus. Si les cotons filés ou en laine lui offrent de *plus grands* avantages, il se décidera pour eux ; si ce sont les toiles fabriquées, il leur donnera la préférence, et cela doit être, s'il est libre ; car alors il choisit ce qui lui est le plus utile. Or, il est de fait que le bas prix de la main-d'œuvre dans l'Inde lui assurant de plus grands bénéfices sur les toiles dans les marchés d'Europe, il ne lui sera pas ÉGAL d'importer des cotons plutôt que des toiles.

Dans les intervalles où le commerce de l'Inde a été libre en France, une expérience constante démontre que les négocians ont cherché à faire, non-seulement les retours qui leur étoient les plus utiles, mais même à s'associer avec les maisons qui pourroient leur en assurer le plus grand débouché.

Quand la maison *Rabaud et Comp.* de Marseille a fait le commerce de l'Inde, elle s'est associée avec celle de *Senn Biderman* de Paris, dont le commerce étoit en marchandises des Indes. Quand les armateurs *Greniers frères*, de Marseille, ont voulu faire des expéditions en Asie, ils se sont liés avec *Portalès* de Neufchâtel, dont le commerce étoit également en marchandises de l'Inde. Je ne cite précisément des négocians de Marseille, que parce que cette place est celle de nos grandes villes commerçantes qui a les plus foibles rapports avec l'Inde; mais combien n'en est-il pas d'autres que je pourrois citer ailleurs?

Aucun de ces armateurs n'a cherché à former des liaisons étrangères au but principal de son commerce; tous se sont associés avec des négocians qui, à de grands capitaux pouvoient joindre la faculté de leur donner des connoissances sur les assortimens et leur assurer le plus grand débouché des articles d'Asie. Ainsi les commerçans particuliers de l'Inde bornoient leurs vues à rechercher les consommateurs des toiles; et nulle part on ne les a vus s'allier avec des négocians s'occupant des matières premières et de la filature, parce que les matières premières offrent des bénéfices beaucoup inférieurs aux marchandises fabriquées. Donc il ne seroit pas ÉGAL au commerce d'importer des matières premières plutôt que des toiles; donc ce qui a eu lieu jadis, se renouvelleroit de nos jours, parce que l'intérêt seroit le même; et que, s'il y a quelque différence, c'est que cet intérêt a augmenté d'intensité; donc le commerce libre n'offriroit pas à quelques-unes de nos manufactures de moindres dangers que la Compagnie, et toutes choses demeurent égales entre eux.

Mais d'autre part, si le commerce des Indes offre des dangers, le Gouvernement n'a-t-il pas les moyens d'en diminuer la somme par les sages mesures qu'il peut prendre, et que l'unité de la Compagnie lui rendra d'autant plus faciles qu'il n'aura qu'elle à surveiller? Si ce commerce est libre, les armateurs et les compagnies privées chercheront en tout temps les moyens d'accroître leurs bénéfices, et la vigilance du Gouvernement aura besoin d'être d'autant plus active et plus généralisée, que les retours de l'Inde pourront s'opérer sur plusieurs points à la fois, et que les bénéfices résultant des armemens particuliers s'écarteront davantage des intérêts commerciaux de l'Etat. Au lieu que si quelque restriction salutaire est opposée aux plans de la Compagnie, le vœu du Gouvernement est à peine exprimé, son ordre est à

peine

peine connu qu'il est exécuté, et que le ministre qui a dans ses attributions le département du commerce étant lui-même le premier censeur des opérations de la Compagnie, rien ne peut avoir lieu dans son sein qu'il n'en soit le premier instruit.

Enfin n'aura-t-on pas raison de dire que, si le commerce de l'Inde est libre, les retours ne seront composés que des articles précisément les plus avantageux à la vente? La preuve en est sensible, les armateurs respectifs s'opposant les uns aux autres une concurrence fâcheuse, ne pourront en combattre les dangers qu'en important les articles qui pourront leur donner de plus grands bénéfices ; au lieu que la Compagnie n'ayant point de concurrence à craindre, étant d'ailleurs surveillée par le Gouvernement, pourra, avec plus de raison, borner ses profits et les calculer sur l'intérêt national, dont il ne lui sera pas permis de s'écarter, parce qu'il sera determiné par l'acte même de sa formation.

Mais les dépenses énormes auxquelles la Compagnie est toujours exposée! Essayons de les apprécier et même de les comparer avec celles du commerce libre.

6.° *Le commerce aura des agens moins coûteux et plus affectionnés qu'une Compagnie, page 18. Si une Compagnie trouve des fonds à un intérêt plus avantageux que les particuliers, cette différence sera plus que compensée par l'économie des expéditions du commerce, p. 19. La force militaire attachée à la Compagnie, les établissemens à faire sur les lieux, le plus grand nombre d'agens à y entretenir, formeront un excédent de frais qui pourra devenir préjudiciable aux intérêts de la Compagnie, p. 31., et les marchandises de l'Inde seront à plus bas prix chez nous, au moyen de l'économie des frais de souveraineté et de régie, p. 47.*

Il importe assez peu d'examiner si les agens isolés des commerçans coûteront moins que ceux de la Compagnie, mais il importe de savoir si le total des dépenses et frais de régie de celle-ci surpasseront ceux du commerce libre.

Sans doute si en rétablissant le privilége on ne corrigeoit pas les erreurs des anciennes Compagnies ; si le Gouvernement ne se chargeoit pas de la portion de la dépense qui doit lui appartenir, puisque ce n'est que pour son propre intérêt qu'il établit un privilége ; si on ne régloit pas les mouvemens et la marche de l'administration ; si les actionnaires eux-mêmes n'étoient pas intéressés à diminuer les

9

faux frais par une sage économie, on pourroit dire avec quelque raison que les frais de régie seroient un lourd fardeau pour la Compagnie.

Mais sans faire ici l'énumération de toutes les dépenses auxquelles elle devra pourvoir, supposons qu'elles s'élèvent à 10 p. $\frac{o}{o}$ de son capital. Supposons encore qu'en commençant le capital de la Compagnie soit de trente millions, sa dépense annuelle sera de trois millions de francs qui devront être couverts par son bénéfice.

Voyons à présent si le commerce libre peut se faire avec moins de dépenses.

D'abord il est de fait que le commerce des Indes, lorsqu'il fut libre, ne s'est presque jamais fait que par des compagnies privées, et que de nos jours, vu la situation intérieure de la République, on peut regarder comme impossible qu'il puisse se faire autrement que par Compagnies ; soit qu'il soit libre ou non.

Dès-lors les intérêts de l'armateur considéré comme tel sont indépendans de ceux de la Compagnie, et les bénéfices qu'il peut faire non-seulement sont étrangers pour elles, mais sont même à sa charge.

Supposons donc une somme pareille de trente millions employée au commerce de l'Inde par les compagnies particulières.

La commission d'entrée et de sortie en faveur de l'armateur est de 4 p. $\frac{o}{o}$, plus les autres frais qui la font monter à 6 p. $\frac{o}{o}$. On ne nous taxera pas d'exagération, si nous portons à la même somme la commission acquise au supercargo dans les expéditions, ou soit celle due au capitaine, quand il réunit cette double qualité, et enfin les frais d'agence sur les lieux. C'est donc 12 p. $\frac{o}{o}$, ou soit trois millions six cents mille livres que le commerce libre aura à payer et qu'il devra prélever sur ses profits ; sa dépense à cet égard es donc supérieure à celle de la Compagnie.

Allons plus loin. Il est de fait que les frais de régie dans les comptoirs de l'Inde sont un fardeau toujours d'autant plus lourd à porter, que les négocians particuliers, pour en alléger le poids, ont pris le parti de former des associations privées qui, en divisant les frais sur un plus grand nombre d'actionnaires et sur un plus grand capital, leur permettoient de faire face aux dépenses de régie, sans courir le risque de les voir surpasser les bénéfices qu'ils pouvoient raisonnablement attendre.

La preuve en est sensible : supposons que dix individus réunissent leurs capitaux, pour se livrer ensemble et par indivis à un commerce éloigné, au lieu de dix régies il n'en faut plus qu'une ; où dix agens auroient été nécessaires un seul suffira. Toute la dépense, quoique collectivement plus forte que celle que pourroit faire isolément chacun d'eux, sera cependant beaucoup plus foible pour chaque actionnaire qui ne supportera que sa part d'une dépense commune qu'il auroit été obligé de faire en entier s'il eût travaillé seul.

Si l'on opposoit que les régisseurs font, par leur commerce dans l'Inde et pour le compte de leurs majeurs, des bénéfices qui couvrent les frais de régie, je répondrois que ces bénéfices sont étrangers aux actionnaires, qu'ils sont purement personnels aux armateurs, propriétaires exclusifs des comptoirs qu'ils ont établis sur les deux côtés de la presqu'île ou sur le Gange. Dès-lors les frais de régie sont toujours à la charge de la Compagnie et des vaisseaux qu'on expédie pour elle; et si les régisseurs font des bénéfices, ils n'en tiennent compte qu'à leurs majeurs, c'est-à-dire, aux armateurs indé-pendans à cet égard de tout rapport avec la Compagnie.

Je pourrois, au besoin, faire entrer en ligne de compte les crédits que les ar-mateurs obtiennent et dont ils profitent seuls, tant sur les marchandises que sur le gréement et sur l'avituaillement des navires.

Avec une Compagnie exclusive aucun de ces inconvéniens n'est à craindre. Toute dépense est supportée par la généralité; tout bénéfice entre dans la caisse commune, parce qu'il n'y a point d'armateur réunissant une double qualité, et qu'il n'y a qu'une administration dont l'intérêt est homogène avec celui du moindre actionnaire. Donc les dépenses administratives doivent être moindres; et étant supportées par un plus grand capital, elles doivent dimi-nuer sans cesse à mesure que le nombre des actionnaires augmente.

Ajoutons encore que toutes les économies, les améliorations, les crédits sont également au profit de la généralité, sans qu'il y ait la moindre distraction. La situation de la Compagnie est d'autant plus favorable, que pouvant obtenir plus de crédit, celui qu'on lui accorde [profite à tous; tandis que dans les associations privées, les crédits accordés aux armateurs, même dans tout ce qui se rapporte à leurs expéditions, sont perdus pour les actionnaires. De-là il résulte que le crédit de la Compagnie privilégiée lui permet de faire avec le même capital un plus grand nombre d'armemens, et qu'une circulation plus rapide, supposant de plus grands bénéfices, tout tend à diminuer sans cesse la dépense générale de la régie, alors divisée sur des expéditions plus nom-breuses.

La différence que j'établis entre le crédit de la Compagnie et celui des associa-tions privées est d'autant plus essentielle, que le crédit que la Compagnie obtient est garanti par la généralité des actions et par la somme connue du capital d'une

9 *

société dont les administrateurs sont les commanditaires. Ainsi le capitaliste accorde sans crainte un crédit, parce qu'il prête à la chose.

Au lieu que dans les associations privées, le crédit est d'autant plus difficile, qu'il n'y a point de capital connu qui le garantisse. L'armateur n'est point commanditaire; il n'y a point, comme dans cette espèce de société, de fonds affectés au crédit, et par conséquent point d'engagement de la part des actionnaires. Le capitaliste ne prête qu'à la personne ou soit à la fortune présumée de l'armateur : et cette différence de position nuit autant au crédit des associations privées, qu'elle favorise celui d'une Compagnie exclusive.

Il resteroit à dire un mot des dépenses résultantes de la souveraineté. Mais il ne s'agit point ici d'établir un privilége destiné à rendre une Compagnie indépendante. S'il peut jamais être question de souveraineté, c'est entre les mains de la Nation ou du Gouvernement qui la représente qu'elle doit résider. C'est donc lui seul que devroit regarder cette dépense, s'il y a jamais lieu de l'établir.

7.° *Les négocians français forme-ront des maisons de commerce dans l'Inde..... Des citoyens français iront même s'y établir, y commerceront d'Inde en Inde, et à l'arrivée d'un navire d'Europe seront en état de compléter beaucoup plutôt sa cargaison. p. 30.* Il s'agit de l'avenir. L'auteur du Mémoire s'abandonne au hasard des conjectures et il n'est possible de lui opposer également que des hypotèses ; mais pour les rendre plus probables nous essayerons de les puiser dans les circonstances mêmes qui semblent devoir éloigner, du moins pendant quelques années, les négocians d'Europe de se livrer à de pareils établissemens destinés à être long-temps précaires, si même ils n'étoient pas dangereux pour leurs fondateurs.

Le premier besoin du commerce, c'est la sûreté et la protection qu'il réclame en tout temps. Notre situation en Asie est si précaire, nos moyens de développement y sont si bornés et nos motifs de crainte si puissans, qu'il est permis de supposer qu'aucune maison française ne se hasardera à exposer de grands capitaux pour former des établissemens qui auront besoin d'être durables pour être fructueux à leurs auteurs.

En l'Etat existe-t il beaucoup de négocians français qui puissent se priver du capital que ces établissemens supposent? Seroit-il prudent, seroit-il politique d'ouvrir l'écoulement de l'Inde aux capitaux qu'un commerce national et plus fructueux réclame pour les besoins de nos colonies ? N'est-il pas plus sage de concentrer les opérations commerciales dans les lieux plus voisins de nous et qui vont bientôt nous offrir avec avantage de plus grands moyens de repro-

duction ? Les besoins de St-Domingue , de cette métropole de nos colonies
nous permettent-ils de distraire , des fonds à y employer, les sommes qu'on
voudroit consacrer au commerce de l'Inde ? Car l'on voudra bien ne pas perdre
de vue que le commerce des colonies se fait toujours avec les capitaux des
négocians , tandis que le commerce des Indes ne doit se faire qu'avec l'argent
des capitalistes ; d'où il résulte que l'on ne doit pas changer l'emploi des fonds
commerciaux en permettant aux négocians de se livrer à un commerce qui
peut et qui en l'Etat doit presque se faire sans le concours de |ces fonds.

Enfin en supposant que des négocians français pussent consacrer au commerce de l'Inde les fonds nécessaires sans altérer leurs autres mouvemens commerciaux , n'y auroit-il pas encore d'autres motifs de crainte ?

Sans doute la paix sera ferme et honorable pour les deux partis; mais enfin
la puissance angloise dans l'Inde est si grande , les intérêts de sa Compagnie
sont si opposés à ceux de notre commerce dans ces contrées , qu'il est au
moins permis de craindre des tentatives de sa part pour comprimer nos premiers efforts, si le commerce est livré isolément à ses seules forces. Dès-
lors doit-on supposer que des négocians pourront se hasarder à courir des
chances au moins douteuses , en établissant des maisons que la moindre mé-
sintelligence peut les exposer à voir détruire, avant que le Gouvernement français puisse être complétement en mesure de les protéger ou de prévenir leur
désastre ?

Plus mesurée , plus circonspecte que le commerçant isolé parce qu'elle sera
mieux instruite , la Compagnie aura plus de moyens de crédit et d'argent ;
si elle n'est pas assez forte pour se mesurer avec la Compagnie angloise, du
moins elle n'aura pas autant de foiblesse que les négocians privés , elle aura
plus de ressources pour parer aux inconvéniens et même pour résister aux
prétentions trop absolues , s'il étoit possible qu'on lui en opposât ; et ses divers agens réunis par un but commun , par un intérêt unique , comme nous
l'avons dit ailleurs , auroient des moyens de résistance que le commerce ne
peut se promettre.

Prévenons même une objection que l'on n'a point faite. Si l'on nous disoit
que l'existence de la Compagnie peut occasionner au Gouvernement des que-
relles politiques et peut-être un jour entraîner une rupture : je pourrois sans
doute répondre que l'Etat n'accordera point à la Compagnie une protection
plus franche que celle qu'il devroit au commerce libre ; que l'intérêt étant le
même pour lui sous le double rapport, sa conduite ne seroit pas différente envers l'une ou envers l'autre.

Mais dans le fait la protection en faveur du commerce national n'est-elle pas rangée aujourd'hui parmi les premiers devoirs de la politique ? A quel titre une crainte si peu digne de nous pourroit-elle arrêter l'adoption d'une mesure utile ? Le Gouvernement, dans tous les cas, ne doit-il pas une sûreté et une protection égale au commerce, soit qu'il soit libre ou confié aux mains d'une Compagnie ? Par-tout et sous quelque forme qu'on veuille l'attaquer, n'est-ce pas à lui à le défendre ?

Notre marine est trop foible, dit-on, j'en conviens ; mais qu'on veuille bien ne pas oublier que c'est en Europe que les Anglois ont conquis l'Inde, que c'est par et durant la guerre de la révolution qu'ils ont obtenu en Asie une souveraineté indisputée. Cette remarque peut servir de texte à une foule d'observations utiles dont nous nous abstiendrons d'autant plus aisément que nos nouveaux rapports ne nous permettent plus de prévoir des malheurs. Les Anglois savent, comme nous, que les traités honorables pour tous les partis sont seuls respectés. Le commerce du monde appartient à l'universalité des nations, et il faut espérer qu'ils ne sont pas plus disposés à former des prétentions exagérées que nous ne le serions de nous y opposer.

Quant au commerce d'Inde en Inde, si notre situation permet aux négocians de former des établissemens sur la presqu'île, l'existence de la Compagnie ne les empêchera pas de se livrer à ce genre de commerce, et ils profiteront même des avantages que sa propre consistance leur donnera. La Compagnie ne peut être exclusive que pour le commerce direct de l'Asie avec l'Europe, parce que c'est des résultats qu'il opère que dérive le préjudice de notre balance commerciale. Mais comme le commerce d'Inde en Inde rentre dans toutes les attributions du commerce utile, ce n'est point celui que l'on devra gêner. La raison en est sensible ; ce commerce n'enlève rien ni à nos manufactures ni à notre circulation ; il tend au contraire à multiplier les exportations de nos propres denrées, destinées à la consommation des factoreries françaises de l'Inde : et à tout prendre, le commerce général s'enrichit des bénéfices privés auxquels les expéditions d'Inde en Inde donnent lieu. Que ce commerce soit fait par les facteurs de la Compagnie, ou par ceux des négocians particuliers ; que ces agens respectifs le fassent aux dépens de leurs majeurs ou non, la chose est indifférente à l'Etat : le résultat est le même pour lui, puisqu'à bon compte c'est toujours l'Etat qui, sans débours, s'enrichit de la fortune que les différens agens ont faite en Asie, quels que soient les moyens qu'ils ont employés.

Ainsi le Gouvernement dirigé par des vues positives d'utilité générale, n'aura point d'intérêt à gêner la liberté du commerce d'Inde en Inde : la Compagnie elle-même n'en aura point à demander à cet égard une restriction abusive ; et si elle en élevoit la prétention, une prévoyance éclairée distinguant la nécessité du privilége dans le commerce direct de l'Asie avec l'Europe, et son danger et ses abus dans le commerce d'Inde en Inde généroit les négocians sous le premier rapport, et les laisseroit libres sous l'autre.

8.º *Les Indiens deviendront plus actifs et plus industrieux, par l'espérance de tirer un parti plus avantageux de leurs marchandises, pour lesquelles ils n'auront plus à recevoir la loi d'un seul acheteur. Plus ils gagneront sur les premières ventes, plus l'espérance d'un bénéfice pareil excitera leur ambition*, p. 19. *Le commerce libre étendra notre marine par des armemens plus nombreux*, p. 46-47.

Il est reconnu que depuis long-temps les Anglois sont les acheteurs presque exclusifs dans les marchés de l'Inde ; ils donnent la loi dans les Aldées, et ils joignent à cet avantage celui de la souveraineté. L'auteur du Mémoire sur l'Inde dit, *p.* 34, que *l'ancienne Compagnie quoique assez puissante par ses moyens, et dirigée par des administrateurs éclairés, n'étoit cependant en quelque sorte que le simple facteur des Anglois, qui lui fournissoient une grande partie de ses retours.* Se flatte-t-il que le commerce isolé et borné dans ses moyens, puisse obtenir, dans des circonstances moins favorables, ce qu'une Compagnie puissante d'argent et de crédit n'a pu arracher ?

Comment d'ailleurs les Indiens, stimulés par l'espoir d'un plus grand bénéfice, deviendroient-ils plus actifs ? Oublie-t-on que l'Indous foible et timide gémit sous le joug de fer du despotisme, qu'il ne travaille que pour vivre, et que les plus modiques salaires peuvent suffire à ses besoins et à sa sobriété ? *Malheur à l'ouvrier trop habile qui fonderoit quelque espérance sur la perfection de ses ouvrages ! Les gouvernans le font travailler pour eux et le payent mal. Malheur à celui qui devroit à une industrie plus active l'accroissement de son industrie ! Les gouvernans s'emparent du fruit de ses travaux et quelquefois même se portent à de plus grands excès.* C'est ainsi que s'exprime, p. 25, l'auteur même du Mémoire auquel nous répondons. Et le tableau qu'il trace n'est malheureusement ni altéré, ni chargé.

S'il est vrai qu'en aucun cas l'Indien ne puisse recueillir le salaire d'un travail plus asssidu ou plus fini, comment espère-t-on qu'il se livre gratuitement à des travaux ou forcés ou plus longs qui sont inutiles à ses besoins et dont le prix seroit perdu pour lui ?

Mais par la raison des contraires, la concurrence des commerçans, toujours mus par des intérêts divergeans, ne tendroit qu'à augmenter le prix d'achat dans l'Inde, en ajoutant sans cesse à nos sacrifices. Car il n'en est pas du commerce de l'Inde comme de tous les autres; c'est précisément parce qu'il est nuisible, que la concurrence dans les ventes ou dans les achats est funeste aux négocians de l'Etat qui s'y livre. Leurs opérations se croisant sans cesse parce qu'elles sont pareilles, la concurrence ne soutiendra point les prix respectifs, elle baissera celui des ventes pour augmenter celui de achats; et ce danger est heureusement évité par l'Etat qui confie l'exploitation d'un pareil commerce à une Compagnie. N'ayant plus à lutter que contre la concurrence étrangère, elle peut mieux la soutenir et fournir à plus bas prix son propre pays, et sur-tout les marchés d'Europe, des articles qui leur sont nécessaires.

Quant aux armemens plus nombreux et parconséquent plus propres à restaurer notre marine : cet avantage est positif sans doute, si l'on parvient à prouver que le commerce libre puisse faire de plus nombreux armemens que la Compagnie.

Mais les circonstances, ces circonstances impérieuses qui nous dominent ne s'opposent-elles pas aux flatteuses espérances auxquelles nous aimerions à nous abandonner ? Les Compagnies privées offrant, quoiqu'on en dise, plus de dépenses que la Compagnie générale, ne portent-elles pas à croire que les capitalistes aimeront mieux devenir actionnaires d'une Compagnie unique que de se fondre dans une multitude d'associations qui, pendant long-temps, n'existeront que pour se croiser et se nuire ? Une Compagnie unique n'aura-t-elle pas plutôt réussi à réunir le nombre d'actionnaires et les capitaux nécessaires à ses développemens ?

La somme qu'elle exige est plus considérable sans doute; mais le privilége ne fera-t-il pas accourir vers elle tous les actionnaires jaloux de s'associer à des opérations utiles ? Pourront-ils lui préférer des associations privées qui n'auront ni le même caractère, ni la même solennité, ni la même consistance? Et dès-lors les expéditions de la Compagnie ne seront-elles pas, nonseulement plus considérables mais même plus nombreuses, et n'atteindront-elles pas plutôt le degré utile que le Gouvernement croit nécessaire à ses rapports avec l'Inde?

Si le contraire pouvoit arriver; si, ce qu'on est loin de penser, le commerce libre pouvoit obtenir la préférence, alors l'Etat ne se sauveroit d'un

inconvénient

inconvénient que pour tomber dans un danger opposé. Les armemens des particuliers devenant trop multipliés, et le Gouvernement s'étant interdit la faculté de les réduire, le préjudice résultant de la trop grande extraction du numéraire, et que l'auteur du Mémoire a prévue n'exposeroit-elle pas la circulation intérieure à des conséquences fâcheuses ? Et si déjà le numéraire existant ne suffit pas aux besoins de la circulation, comment s'exposer à le voir diminuer sans cesse sans pouvoir s'y opposer ?

, A cet égard, quoiqu'on en ait dit, la somme intégrale de piastres que demande l'armement de chaque navire à la destination de l'Inde ne sera guères différente, soit que ce vaisseau soit expédié par la Compagnie ou par un commerçant. Pour nous beaucoup plus que pour les Anglois, l'exportation de celles de nos marchandises que nous pouvons fournir à l'Asie n'est pas très-considérable. Une fois que le *maximum* en est atteint, ce n'est pas en vain qu'on essayeroit de le dépasser ; et le négociant imprudent qui tenteroit d'en donner le premier exemple, ne tarderoit pas à s'en repentir.

Si des jours plus heureux peuvent nous luire dans l'Inde, ce n'est pas le commerce libre qui les fera naître. Si nous pouvons espérer de voir nos denrées ou nos marchandises manufacturées s'y ouvrir un plus grand débouché, ce ne peut être que l'ouvrage de la Compagnie, quand ses efforts, sa persévérance et la protection du Gouvernement l'auront mise en mesure de nous rendre ce que nous y avons perdus, et de former de nouvelles liaisons : et certes c'est ce que le commerce libre tenteroit en vain de nous offrir.

Quant aux *marins, plus exercés et plus habiles* qu'on suppose peut-être un peu gratuitement que le commerce libre peut former plutôt que la Compagnie, je crois inutile de répéter ce que j'ai dit ailleurs ; mais si l'on est obligé de reconnoître que la Compagnie a constamment un plus grand nombre de vaisseaux en mer, que sa marine forme un corps, que le mode d'avancement, les récompenses et les retraites assurées à ses officiers ne peuvent pas l'être également par le commerce libre, la conséquence naturelle ne seroit-elle pas que pour former des matelots intrépides et des capitaines habiles, le moyen le plus sûr c'est de les occuper toujours et de les stimuler par l'attrait des récompenses, qu'une Compagnie seule peut assurer ?

9.º *L'auteur dans les* p. 34 *et suiv. reproche aux anciennes Compagnies de n'avoir aspiré à détruire le commerce que pour fonder le monopole : il*   Dégagé de tout esprit de système, exempt de tout engouement irréfléchi, j'ai soutenu avec tous les moyens que ma foiblesse a pu me permettre, les *représente même la dernière comme investie du privilége exclusif d'être le facteur des Anglais.*

Il trace ensuite avec complaisance le tableau de tous les désastres que les diverses Compagnies des Indes et autres ont éprouvé dans tous les temps, et finit par établir la nécessité de laisser libre le commerce de l'Inde.

avantages d'une Compagnie, parce que je la crois en ce moment plus nécessaire qu'elle ne le fut jamais. Je puise même les motifs nouveaux de son utilité, dans la plupart des objections qu'on croit propres à démontrer les dangers de son existence. A dieu ne plaise que je cherche à me faire illusion sur les erreurs, sur les fautes, sur les abus de quelques-unes des anciennes Compagnies. Il ne faut les compter que pour les réparer; il ne faut les rappeler que pour nous enrichir des fruits tardifs d'une salutaire expérience.

Certes sous le rapport commercial si on ne ressuscitoit une Compagnie que pour l'investir du privilége exclusif de devenir le facteur de la Compagnie angloise; si on ne la rétablissoit que pour l'autoriser à acheter de la seconde main, et même en Europe, les marchandises de l'Inde indispensables à notre consommation, ce seroit à coup-sûr l'abus le plus funeste, le coup le plus mortel pour notre industrie et pour notre commerce général : et le seul vœu qui resteroit alors à former, seroit celui d'anéantir non-seulement le privilége, mais même d'interdire à nos négocians le commerce de l'Inde, et d'en prohiber à tout prix les marchandises avec la plus grande sévérité. Mais d'autre part, si un intérét différent et supérieur pouvoit commander encore de ne pas renoncer à nos rapports dans l'Inde, il faudroit examiner si dans notre situation précaire il ne seroit pas également nécessaire de confier l'exploitation de ce commerce à une Compagnie, plutôt que de le laisser libre. Car en calculant avec raison qu'il seroit moins désavantageux de payer aux Anglois 10 ou 12 p. $\frac{0}{0}$ dans l'Inde, que de leur en payer 30 ou 35 en Europe, on reconnoîtroit bientôt qu'une Compagnie, toujours soumise à l'action directe du Gouvernement, obéissant sans cesse à son impulsion, ne s'écarteroit jamais de ses vues et nous mettroit bien plutôt que le commerce libre en mesure d'échapper à cette position humiliante.

Mais d'un autre côté, les erreurs qu'on reproche à l'ancienne Compagnie sont-elles inhérentes à son existence? Ne peut-on rétablir le privilége sans ressusciter les abus? Instruits, à nos dépends, dans la science difficile du commerce ne peut-on, en recréant une Compagnie, la soumettre à des lois qu'elle ne pourra violer, l'environner d'une surveillance à laquelle elle ne pourra échapper, et qui, sans nuire à ses développemens, saura l'arrêter dans tous les cas où elle voudroit franchir les bornes de son mandat? Enfin les circonstances nous permettent-elles de nous livrer au commerce d'Asie autrement que par une Compagnie exclusive? Telles sont les principales et peut-être les seules questions qu'il s'agit d'examiner. J'ose croire que si l'on calcule les besoins du commerce, son expérience, le jeu de ses mouvemens, la variété et l'étendue de ses combinaisons dans l'Inde, et l'intérêt politique de l'Etat, la solution ne sera pas douteuse.

L'auteur du Mémoire historique objecte qu'on s'est, dans tous les temps, trouvé si mal de l'existence du privilége, qu'on s'est vu forcé d'avoir recours au commerce libre. Si je voulois m'enfermer également dans un cercle vicieux dont ni lui ni moi ne pourrions sortir, je pourrois lui dire à mon tour que le commerce libre a été dans tous les temps si peu avantageux, que sans cesse on a été obligé de revenir au privilége, ou de le ressusciter, et que c'est dans cet état que la révolution nous a surpris.

Je pourrois aller plus loin encore, et dire avec plus de raison: il falloit bien que la Compagnie offrît des avantages ostensibles ou secrets également supérieurs à ceux du commerce libre, pour que le Gouvernement se décidât à y revenir sans cesse, malgré les sacrifices qu'elle lui coûtoit.

Quant à l'énumération fastueuse qu'on fait des désastres de toutes les Compagnies françaises qui se sont successivement formées pour le commerce des quatre parties du monde, il ne m'appartient point d'y répondre; cette discussion est étrangère à mon sujet.

Cependant pourquoi ne pas reconnoître que le plus souvent les embarras des anciennes Compagnies des Indes lui furent suscités par le Gouvernement, alors débiteur envers elles de sommes très-considérables qu'elles lui avoient avancées? Pourquoi séparer les pertes qu'elles ont éprouvées, des accidens qui les ont occasionnées, et dont la plupart leur étoient étrangers? Pourquoi chercher sur-tout à envelopper dans le même anathème des Compagnies qui non-seulement sont distinctes les unes des autres, mais qui même ont un but précisément contraire? Nous avons dit plus d'une fois que tout commerce utile à l'Etat ne peut jouir d'une liberté trop absolue, et que tout commerce qui lui est nuisible, ne peut être resserré dans des bornes trop étroites.

Faisons l'application de ces deux principes, en comparant ensemble le commerce des îles avec celui de l'Inde. De quoi se composent nos rapports avec nos colonies? que recevons-nous d'elles? 1.º Les denrées qu'elles fournissent à notre consommation; 2.º les matières premières dont elles alimen-

10 *

tent nos manufactures; 3.º Chacun de ces divers articles qui donnent lieu dans nos ports à une immense exportation, tant de ceux que nous vendons à l'étranger tels que nous les avons reçus, que de ceux qui ont reçu un nouveau prix par la préparation intérieure. Que reçoivent-elles de nous en échange de leurs produits ? Les denrées de notre sol, nécessaires à leur consommation, et les objets de nos diverses manufactures. Or, dans ce commerce tout est profit pour nous; il ne sort pas un écu et il en rentre des millions; dût-il en sortir, la richesse de nos colonies seroit encore une vraie richesse nationale. Donc plus ce commerce est libre plus les profits se généralisent, se répétent et se multiplient; donc la continuité du privilége auroit été une absurdité politique et commerciale, qui n'auroit pu résister à la première attaque qu'on prendroit la peine de lui porter (1).

Nos rapports avec l'Inde sont-ils de la même nature ? on sait le contraire. Nous en recevons peu de matières premiéres, et presque toutes les marchandises qu'elle nous fournit nuisent à notre industrie : nous lui donnons en échange très-peu de denrées de notre cru, tout aussi peu d'articles de nos fabriques , et le solde que nous lui payons pour balance est tout entier en argent. Donc ce commerce est désavantageux; donc il doit être circonscrit dans de sévères limites; donc il faut le confier à une Compagnie, qui peut seule nous mettre en mesure de diminuer progressivement la somme de nos pertes, et peut-être de les remplacer par des avantages résultant de la réexportation que nous pourrons espérer un jour des toiles, de l'Inde. Donc les priviléges de deux Compagnies, aussi opposées d'intentions de but

(1) Qu'on veuille bien observer que ce n'est pas sans intention que je dis la *continuité du privilége*, et non le privilége lui-même ; la raison en est simple, tout commerce inexistant ou inconnu ne peut être créé que par le secours d'un privilége ; et ce seroit bien en vain qu'on en espéreroit l'établissement, du zèle et de la concurrence des négocians. Ainsi le premier privilége de la Compagnie des Indes Occidentales fut utile et bien entendu , puis qu'il aspira à nous donner une branche d'industrie qui nous étoit étrangère. Mais dès l'instant où ce commerce fut établi sur des bases utiles à la généralité , il devint préjudiciable et il fut détruit. Ainsi le privilége ne fut établi que pour mettre un jour le commerce en mesure de profiter des travaux de la Compagnie et de s'enrichir d'une mine qu'elle seule lui apprenoit à exploiter. Il en seroit de même du privilége de la Compagnie des Grandes-Indes , si un jour le commerce d'Asie pouvoit être aussi fructueux à l'État que celui des Iles l'est devenu ; ainsi on ne doit considérer le privilége que comme une mesure préparatoire. C'est ainsi que le Gouvernement accorde une exemption de taille aux agriculteurs qui se livrent aux défrichemens ; cette exemption est pour eux la récompense d'avoir mis en valeur des terres incultes.

et de résultats , ne doivent pas être comparés ; donc enfin le privilége est nécessaire au commerce d'Asie, et ce commerce ne doit pas sortir en quelque sorte de la main du Gouvernement.

Mais ce mot de privilége excite tant de clameurs, qu'on ne peut s'empêcher d'examiner si dans notre hypothèse il mérite le sens odieux qu'on y attache.

Si le commerce de l'Inde est nuisible, le Gouvernement a le droit incontestable de le défendre. Si des considérations particulières lui donnent des avantages indépendans de ses pertes, et si, pour atteindre à ces avantages, il doit être soumis à des formes restrictives, le Gouvernement peut le renfermer dans les bornes qu'il croira nécessaires; car sur cette matière importante, il est le juge unique de l'utilité ou des dangers de nos relations. Ainsi donc en prohibant ce commerce il peut se réserver à lui-même le droit de l'exploiter au nom et pour l'intérêt de la Nation. C'est donc lui seul qui use du privilége ; et l'on voudra bien ne pas perdre de vue qu'un privilége quelconque non-seulement est co-ordonné à l'intérêt de l'Etat, mais encore ne peut exister que pour lui.

Or si des circonstances particulières empéchent le Gouvernement d'user du droit qu'il s'est réservé , et que l'intérêt de l'Etat lui commande de mettre en valeur, il le délègue. Les hommes ou la Compagnie qu'il se subroge ne sont que ses mandataires ; les individus disparoissent. S'ils obtiennent le droit que l'on appelle improprement un *privilége*, ce n'est pas pour leur avantage isolé mais pour celui de l'Etat. Leur intérêt privatif n'est regardé que comme un agent nécessaire au but que l'on veut remplir; leurs profits ne sont envisagés que comme le salaire d'un travail qui doit être utile au corps de la Nation; et j'ose croire que l'on se tromperoit grandement si l'on voyoit un privilége privé dans l'établissement d'une Compagnie fondée sur de pareils motifs. Si ce mode à quelques-uns des effets d'un privilége , il n'en a pas les caractères ; si le hasard fait qu'une société en profite , le désir de la favoriser exclusivement n'y entre pour rien : et rien n'empéche à cet égard qu'on ne généralise les actions, pour mettre un plus grand nombre de particuliers en mesure d'y participer.

Enfin ces sortes de priviléges qu'on appelleroit à plus juste titre *droits* ou *réserves d'Etat*, n'existent-ils pas chez nous dans toutes les parties qui en sont susceptibles et essentiellement dans le commerce ? Le port-franc est assurément un privilége pour toute place qui en jouit. Mais cet avantage est-il accordé aux particuliers et aux négocians qui l'habitent ? Est-il accordé comme faveur à la ville elle-même, au profit de laquelle on l'établit ? Les ports qui en sont privés seroient ils fondés à réclamer contre sa création ? Non, sans doute. Il est le produit de la situation des lieux, du genre de commerce, et son but unique c'est l'avantage de la balance que cette liberté augmente; les individus qui participent à cette heureuse fortuité ne sont entrés pour rien dans les mesures du Gouvernement, qui accorde tout à la chose et rien aux personnes.

Enfin citons un dernier exemple. Supposons que le Gouvernement veuille fonder un établissement de commerce et créer une colonie agricole dans l'île de Madagascar, si fertile par ses produits, et si heureusement située pour nos rapports avec l'Inde. Après les dépenses d'établissemens et autres, quels sont les moyens qu'il prendra ? Se bornera-t-il à inviter les négocians français à expédier des vaisseaux pour le Fort-Dauphin ? Quelque méritée que soit la confiance qu'il inspire, quel fruit pourroit-il espérer de son invitation? Quel armateur ne trembleroit pas de courir la chance douteuse d'une pareille entreprise ? Enfin quel négociant seroit assez riche pour n'être pas effrayé de la dépense et des risques ?

Un établissement de cette nature ne veut être formé que par une association puissante qui peut, sans être arrêtée par la dépense, varier ses tentatives et ses essais pour arriver plutôt à un résultat utile. Si une expédition est infructueuse, une seconde la dédommage; si elle perd sur un objet, elle gagne sur un autre; et à tout prendre, la compensation s'établit à son profit. Des Compagnies se présenteront sans doute, mais toutes demanderont pour condition première, la délivrance d'un privilége plus ou moins long, dont les bénéfices puissent couvrir les dépenses d'institution et les risques. Ce droit qu'elles réclameront à titre de privilége, le Gouvernement, pour l'intérêt général, n'hésitera point à l'accorder à titre de salaire ou de *réserve d'Etat*; et cette réserve ne cessera qu'au moment où ce commerce, en plein rapport à l'expiration du privilége, pourra être ouvert à tous les négocians français qui y seront appelés par les bénéfices qu'ils espéreront d'une branche de commerce que le privilége seul leur aura procurée. C'est ainsi que le privilége, dans tout commerce nouveau, ne doit être considéré que comme une mesure préparatoire aux développemens les plus fructueux; et si l'Etat y trouve son avantage, s'il ne peut l'obtenir que par lui, il l'accorde sans crainte, sans s'écarter des mesures de sagesse ou de prudence qui le dirigent.

Si l'on objecte que le commerce de l'Inde existe, que les négocians ne demandent pas mieux que de s'y livrer; alors se reproduit l'objection la plus forte, et on peut répondre que ce commerce n'existe pas, puisqu'il faut le recréer; qu'il est pire encore que s'il n'existoit pas, puisqu'il est nuisible. Or accorder aux particuliers assez riches pour s'y livrer, le droit absolu de commercer dans l'Inde; concentrer dans les mains d'un petit nombre d'individus les bénéfices privés qu'ils obtiendroient aux dépens de l'intérêt général de la balance de l'Etat ; leur permettre de s'enrichir à tout risque, sans qu'ils pussent remplir une seule des conditions qui peuvent rendre nos rapports avec l'Asie avantageux ! Voilà le danger, voilà le privilége, voilà l'abus contre lesquels on peut s'élever avec raison.

Ainsi donc, si ce commerce est nuisible, si la plus grande partie de nos exportations pour l'Inde ne consistent qu'en argent, et si d'ailleurs des motifs puissans nous commandent de ne pas l'abandonner, de tous les moyens propres à en détruire les désavantages et à les convertir en profits, la création d'une Compagnie, sous l'œil et sous la main du Gouvernement, est à coup sûr la mesure la plus facile et la plus utile.

Son institution même sera d'autant plus avantageuse, que la science de l'économie commerciale a fait de plus grands pas vers la perfection ; qu'enfin on commence à ne plus marcher en tâtonnant, et que le creuset de l'expérience épure tous les systèmes. Ils ne sont plus ces jours où la concession d'un privilége étoit une calamité pour l'industrie et une faveur sans condition pour ses heureux possesseurs ! Ce ne sont plus les individus qui seront privilégiés, la chose seule le sera; et le moyen facile d'y faire participer un plus grand nombre d'individus, adoucira ce que la concentration dans une administration unique pourroit avoir de rigoureux.

10.º *Je propose*, dit l'auteur, *p.* 48 et suiv., *la création d'un comité central consultatif du commerce et de nos établissemens dans l'Inde. Ce comité seroit chargé de fournir au Gouvernement tous les renseignemens nécessaires qui auront trait à la politique; — aux négocians qui trouveront à propos de le consulter, tous ceux qui seront relatifs au commerce et à la fabrication; — à l'agriculture tous ceux qui pourront lui être utiles pour* Il faut que la nécessité de la Compagnie soit bien reconnue, puisque l'auteur du Mémoire qui attaque, du moins en ce moment, l'avantage de son institution, est forcé en quelque sorte de revenir sur ses pas, et de proposer d'établir un comité destiné à remplir une partie des fonctions qui rendent la Compagnie indispensable. Le comité qu'il propose existe dans l'administration de la Compagnie qui ne peut être créée que pour être tou-

opérer la naturalisation en France des jours sous l'inspection immédiate du *plantes, animaux, etc., etc.,* p. 48 ministère chargé de cette partie, qui et suiv. en seroit le président honoraire, et qui sanctionneroit en quelque sorte toutes ses délibérations.

La Compagie ayant toujours dans son administration une grande unité de plans et un centre de lumières, ne court jamais le risque de voir de fausses mesures sanctionnées, ou l'intérêt privé se mettre en opposition avec celui de l'Etat ; car la partie publique seroit toujours là pour arrêter ses plans ambitieux.

D'ailleurs d'où et comment viendroient les lumières au comité qu'on propose ? Seroit-ce des agens militaires ou politiques du Gouvernement dans l'Inde ? Les uns et les autres ne correspondroient qu'avec les ministres respectifs dont ils relèvent ? Seroit-ce des régisseurs individuels des diverses Compagnies ? Mais ces agens auroient-ils les mêmes lumières ? Mériteroient-ils la même confiance que les facteurs avoués de la Compagnie, qui ne pourroit faire passer dans l'Inde que des hommes acceptés par le Gouvernement, et en faveur desquels son adhésion formeroit la première garantie ?

Allons plus loin, supposons que les régisseurs particuliers ayent toutes les qualités nécessaires pour mériter la confiance et entraîner l'adhésion du comitié consultatif : oublie-t-on que le commerce privé, dans ses plans, cherche à l'isoler sans cesse ; que s'il fait une découverte il la cache aussi long-temps qu'il peut en profiter seul.

J'ai répondu d'avance à cette supposition à la p. 25 et suiv. de la deuxième section ; et je crois inutile de répéter, ce que j'en ai dit en comparant ensemble, sous un triple rapport, les lumières et les observations sur l'Inde de la part des agens de la Compagnie ou de ceux du commerce libre.

Enfin il résulte de l'établissement proposé d'un comité central, que son institution n'a d'autre but que de suppléer à l'absence de la Compagnie, et que ce but ne peut être rempli par lui que d'une manière très-imparfaite en Europe, tandis que sur le continent Indien les dangers résultans de la non existence de la Compagnie subsistent dans toute leur intégrité.

Dans une question de cette importance, j'avois à combattre les systèmes d'un écrivain qui, dans les pages de son histoire s'est montré quelquefois vrai, plus souvent mal instruit et toujours brillant ; j'avois à vaincre les

illusions

illusions de l'intérêt privé, qui trop souvent se trouve en opposition avec l'intérêt général ; j'avois à surmonter la défaveur de nos jours attachée au mot de privilége ; j'avois à prouver qu'ici ce prétendu privilége n'étoit qu'une réserve d'Etat : pour ne point m'égarer j'ai dû opposer des faits aux systèmes, et ne marcher qu'à l'aide du fil conducteur de l'expérience. Si j'ai rempli le but, ou si du moins je l'ai fait entrevoir, des principes que j'ai établis, des faits que j'ai développés, on conclura que le commerce de l'Inde doit être confié à une Compagnie.

Enfin pour dernière preuve, je proposerai un dilemme auquel j'ose croire que les partisans du commerce absolu auront quelque peine à répondre.

Ou le commerce de l'Inde est nuisible, ou il est avantageux.

S'il est nuisible, il faut le circonscrire dans le triple but de ne pas aggraver la somme de ses préjudices, d'en faire avec le temps disparoître les dangers, et d'y substituer des avantages qu'on ne peut attendre que d'une Compagnie.

S'il est avantageux, comme des inconvéniens assez graves en affoiblissent les profits, il faut encore le limiter pour le dégager de tous les obstacles qui l'embarrassent et pour ajouter toujours plus à ses bénéfices.

Dans les deux cas il faut avoir recours à l'action salutaire d'une Compagnie, sous l'inspection directe du Gouvernement.

Lorsqu'enfin l'un ou l'autre but qu'il est permis d'espérer de son institution sera rempli, le privilége temporaire devra être révoqué ; car alors il aura perdu son principal caractère ; et l'on sait qu'en pareille matière l'état naturel d'un privilége c'est d'accélérer les heureux résultats qui doivent un jour le rendre inutile.

Je n'offrirai point d'apologie à l'estimable auteur du Mémoire historique et politique sur le commerce de l'Inde. Engagés tous deux dans des sentiers différens, la vérité est le but commun de nos recherches ; et tous deux sans doute nous cherchons moins à faire triompher nos opinions, qu'à nous éclairer. Je le prie de croire que tel est du moins mon seul désir ; et puisse la franchise avec laquelle j'ai combattu son système, être pour lui la preuve de ma juste considération.

11

Dans une question de cette nature , les intérêts commerciaux ne peuvent être séparés des intérêts politiques , ou pour mieux dire ils sont homogènes et obéissent à la même impulsion : on sent assez de quels avantages je me suis privé en n'osant essayer d'approfondir les derniers ; mais tout bon esprit sentira ce que j'eusse ajouté de force à mes motifs , si j'en avois emprunté le secours.

FIN.

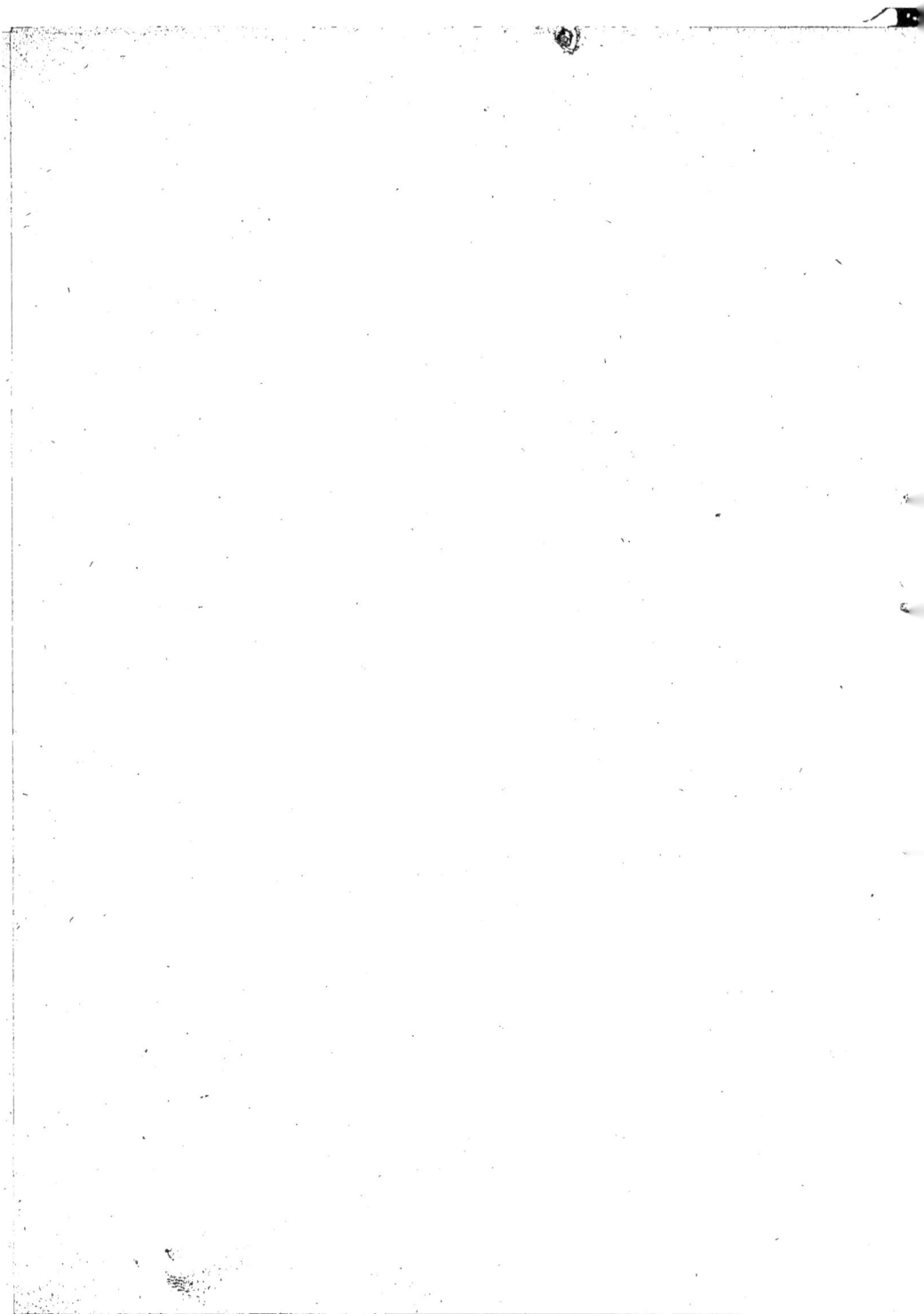